JN189117

MachamiStyle

MASAMI HISAMOTO

60th

MACHAMI'S
"KANREKI"
SPECIAL BOOK

久本雅美

THE GOOD BOOKS ON THE EARTH
TWJ BOOKS
TRANSWORLD JAPAN

Life Begins At Sixty!

～60歳。人生これから!～

BALENCIAGA

Photograph by **kisimari** [W]　Styling by **MIKI AIZAWA**
Hair & Make-up by **GEORGE MORIKAWA** [gem]

INTRODUCTION

〜はじめに〜

二〇一八年、七月九日、私、久本雅美はおかげさまで無事、還暦を迎えることができました。これも応援してくださる皆さまあってのことと、感謝の気持ちでいっぱいです。本当にありがとうございます。

数年前から、還暦に本を出したらどうか、という話は出ていたのですが、せっかくなら今までやったことないことをやりたいということで、この本ではいろいろなファッションを楽しんだり、コレクションしてきた私物をご紹介したり、しょっぱなから初の水着ショットも公開してみちゃいました。何年もかけて撮りためた衣装も一〇〇コーディネート以上掲載していますので、マチャミファッションの集大成ともいうべき一冊になっております。

また、ワハハ本舗の舞台を観てくださったことのある方にとってはお馴染みの、ここ最近のテレビでの私のイメージが強い方にはちょっとびっくりされちゃうかもしれない、お笑い女優・久本雅美も振り返ってみました。モザイクなしでお目にかけますので、どうぞ心してご覧ください。

ほかにも、大先輩の芳村真理さん、同世代のみうらじゅんさん、後輩の上地雄輔さんとの対談や、通い続けている大好きなお店を紹介するなど、我ながらめっちゃ豪華な本になった!と自負しております。

たくさんの方のお力添えのもとにできあがった、おしゃれと笑いがたくさんつまったこの本を、お手に取ってくださった皆さまが読んで少しでも楽しんでくださったら、そして、年取るのも悪くないな、って元気になっていただけたら嬉しいです。どうぞ最後までよろしくお付き合いください。

二〇一八年七月九日　久本雅美

Machami Style

CONTENTS

CHAPTER 1

VIVA!
KANREKI

マチャミさんが絶大な信頼を寄せ、指名している
3チームのスタイリスト&ヘアメイクアップアーティストによる、
祝・還暦スペシャルフォトセッション。

la vie en rose

~ばら色の人生~

Styling by **MINORU MAEDA** Hair & Make-up by **YURI SHIRAI** Photograph by **SHINICHI SASAKI [SIGNO]**
Kitsuke by **MAYUMI YAMAZAKI [OFFICE PAL-WA]** Special Thanks to **OFFICE PAL-WA(www.palwa.co.jp)**

Styling by **JUNKO KATSUMATA** Hair & Make-up by **KAORU MITSUKURA [dynamic]**
Photograph by **RYOSUKE NAKAGAWA [UBER]**

Styling by **MIKI AIZAWA** Hair & Make-up by **MAIKO UMEHARA**
Photograph by **SHINICHI SASAKI [SIGNO]** Flower Art by **te-n.** Costume Production by **FUMIKO HIDESHIMA**

MACHAMI MAKE-UP LESSON

マチャミさんが還暦を迎える、と聞いてきっと誰もがびっくりしてしまうはず。その美肌&メイクを支えるヘアメイクアップアーティストさんが美の秘訣を伝授。

Photograph by SHINICHI SASAKI [SIGNO]

SKIN CARE by YURI SHIRAI

マチャミさんの美肌の最大の秘訣は、実はすぐメイクオフすることですが、白井ユリさんがマチャミさん肌に近づくケア術を教えてくれました。

POINT 1

POINT 2

POINT 3

POINT 4

\ スッピン大公開 /

POINT 1

基本は、化粧水→美容液→乳液の順でつけるだけですが、つけ方が重要。500円玉大ほど手に取ったら人肌に温め、肌を3、4秒軽くプッシュしながらオンします。

POINT 2

肌が薄くシワになりやすい目の周りは、片手で後方斜め上にシワを伸ばしながら、指の腹で塗り込んで。「肌に手が触れる＝マッサージ」という気持ちで、ゴシゴシはNG。

POINT 3

鼻を中心に外側へ向けて7、8回に分けてオン。おでこは、視線を下げシワを伸ばしながら。美容液、乳液を塗る際に、水分が足りなくなったら、化粧水を加えて。

POINT 4

口もとは、アゴを上げ、頬をふくらませてシワを伸ばして、シワが出やすい部分を優しくなぞるように塗り込みます。乾燥が気になる場合は、化粧水を2～3回重ねて。

BASE MAKE

by YURI SHIRAI

アラカンメイクでやりがちなのは、シワやシミを気にして厚く重ねすぎてしまうこと。弱点をカバーしつつも、塗りすぎないことが最重要ポイントです。

STEP 1

下地選びがマチャミ肌の鍵 血色UPできるパール入りを選んで

ハイライト効果がある微粒子のパール成分入りの下地を、スキンケアの要領で、鼻を中心に外へ塗り広げるイメージでハンドプッシュしながら肌にオン。

STEP 2

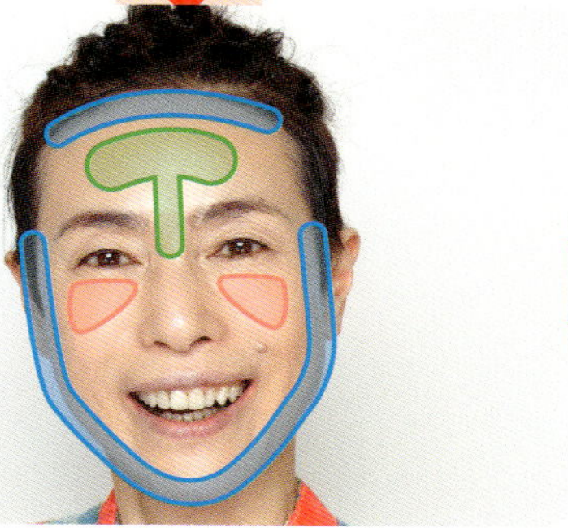

2色のリキッドファンデで立体感UP

首の色に合わせたリキッドファンデを顔中心から外にかけて、2トーン暗いものをフェイスラインに沿ってオン。肌の乾燥時はブラシ、油分が多い際はスポンジを使って。

フェイスシャドウ

こめかみの凹み部分以外に暗めのリキッドファンデをオン。

Tゾーン

リキッドファンデを塗った上からSTEP1の下地をTゾーンにオン。

チーク

練りチークは、目尻から耳たぶに向けて三角形状にぼかしてオン。

STEP 3

ちょっとの手間でアラカン美肌に

チークは自然になじむ練りチークをベースメイクの行程の中でオン。シミやくすみがちな目の下、小鼻、口角はメインのリキッドファンデと色を合わせた筆タイプのコンシーラーでカバー。リキッドファンデを混ぜて薄めてもOK 。

＼ 素肌風ベース完成♪ ／

STEP 4

肌の状態と相談してパウダーで仕上げて

無色のフェイスパウダーをパフで軽くオンして完成。肌が乾燥気味の場合は、省いてもOK 。大切なのは、今日の自分の肌の状態を踏まえて、ケアやメイクを調整してあげることです。

MANNISH & NUDIE MAKE

by KAORU MITSUKURA [dynamic]

どうしても緩んでくるアラカン肌。顔全体が下がったような印象に。だからこそ、年齢に合わせてメイクの仕方をチェンジしましょう。隠さないけど好印象なメイクテクニックを光倉カオルさんが大公開。

Photograph by RYOSUKE NAKAGAWA [UBER]

KAORU'S LESSON

EYE BLOW

抜かない&そらないのが鉄則！
ラフなラインでナチュラル眉

年を重ねると眉と目の間隔が空いてしまうので、まずは抜かない、そらないことが大切。ペンシルではなく、パウダータイプのアイブロウがおすすめ。アイブロウブラシに自眉に近い色を取り、眉の下部分を毛流れに逆らうように描き、次に毛流れに沿って整えます。今度はアイシャドウブラシに髪色より１トーン明るい色を取り、左右に小刻みに動かしながら自眉に沿って描き、最後にアイブロウマスカラを毛流れの逆→順でオンして完成。

左から、アイブロウ クリエイティブパレット￥4,200、アイブロウマスカラRBR ￥2,500／ともにIPSA

つけまつ毛+アイライナーで
盛らずにくっきりアイメイク

まつ毛が減る＆細くなるアラカンにおすすめなのが、意外にもつけまつ毛。アイライン効果のある根もとが黒ベース＆ナチュラルなタイプが◎。専用ののりでつけまつ毛をつけたら、根もとを埋めるように１～２mm幅でぽんぽんと置くようにアイライナーをオン。アイシャドウは濃い色を使うと逆効果。まずベージュのシャドウをアイホール全体になじませるようにのせたら、アイラインの上から３mmほどの幅でブラウンをオン。盛らないことで若々しい目もとに。

デザイニング アイシェード 21 ￥2,200／IPSA

EYE

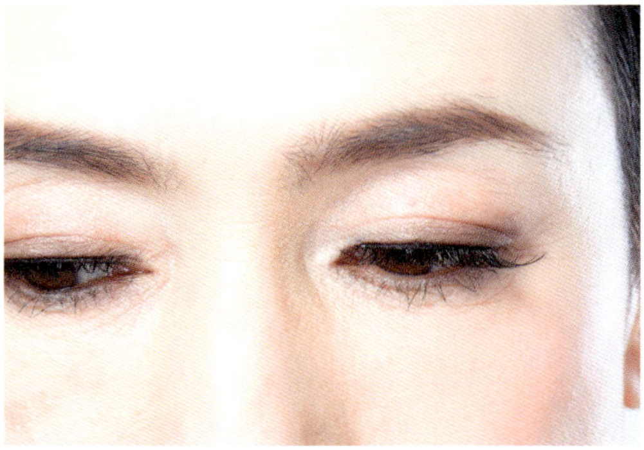

LIP

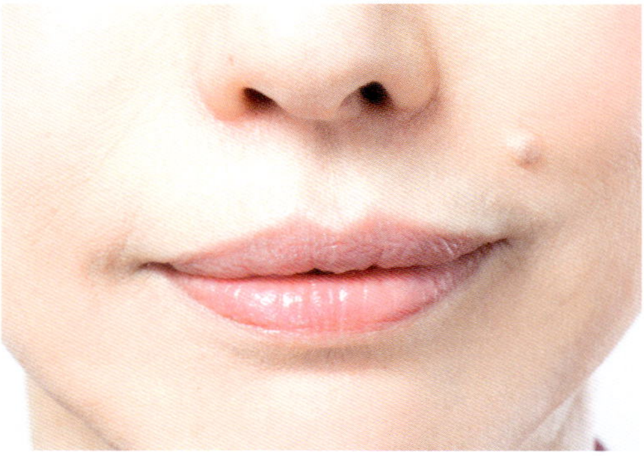

口唇外側の"肌"のラインを
しっかり作るのがコツ

色がくすんで輪郭がぼやけ、口角が下がり、上唇が薄くなるアラカンの口唇に、リップライナーは実は大敵。リップを塗る前に、まずはクリーム状のコンシーラーで口唇全体の輪郭を取ってなじませます。コンシーラーのハイライト効果で口唇が立体的な印象に。無色のリップクリームを塗って完成。口唇のくすみが気になる場合は、薄づきのリップを上に重ねます。自然な色で仕上げることで、しゃべっても食べても崩れにくく、お直しも簡単です。

左から、クリエイティブコンシーラーEX ￥3,500、リップスティック C09 ￥3,200／ともにIPSA、DHC薬用リップクリーム￥700／DHC

IPSA（イプサお客さま窓口）0120-523-543（10:00～17:00、土・日曜・祝日を除く）、DHC美容相談室（店販化粧品専用）0120-330-724（9:00～20:00、日曜・祝日を除く）

HEALTHY & MODE MAKE

by MAIKO UMEHARA

モードなメイクというと濃い色というイメージがあるけれど、意外性のあるポイントメイクを取り入れるだけで新鮮な印象に。梅原麻衣子さんがアラカンにおすすめのテクニックをレクチャー。

Styling by **MINORU MAEDA** Photograph by **RYOSUKE NAKAGAWA [UBER]**

MAIKO'S LESSON

EYE

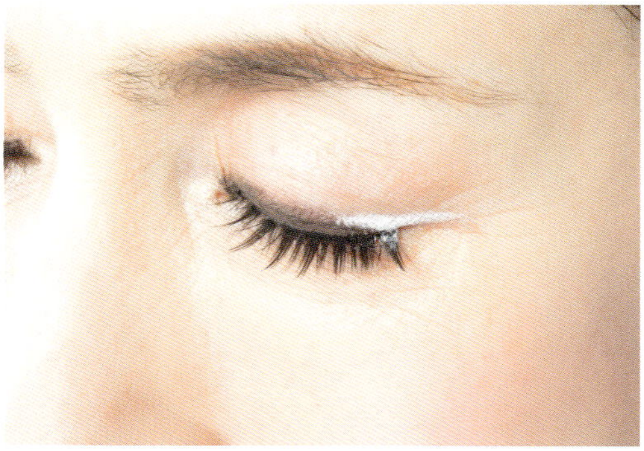

ホワイトのアイライナーで遊び心あるアイメイクにトライ

専用ののりでつけまつ毛をつけたら、ホワイトのアイライナーを２～３mm幅で上まぶたの目頭と目尻にオン。目尻は目の輪郭に沿ってやや長めに。つけまつ毛の根もとが気になる場合は、ホワイトの間を埋めるようにブラウンのペンシルタイプのアイライナーを引きます。パール感のあるピンクベージュ系のアイシャドウまたはアイシャドウペンシルを下まぶたの目のキワ全体に引き、明るい印象に仕上げます。

CHEEK

リキッドファンデを1色プラス頬のくすみをカバー

首の色に合わせたメイン、２トーン暗い色のほか、メインの色より２トーン明るいリキッドファンデを用意し、目頭から鼻の横にかけて三角形状にオンしておくと、一番くすみやすい部分をカバーできます。練りチークは、頬骨の高めの位置に丸くぼかすようにオンします。おすすめの練りチークは、リップとしても使えるタイプのもので、見た目よりナチュラルな発色。日本未発売ですが、Webショップなどで取り扱いがあるのでチェックしてみて。

lip + cheek（左からSwish、Perk）参考商品／ともにMilk MAKEUP

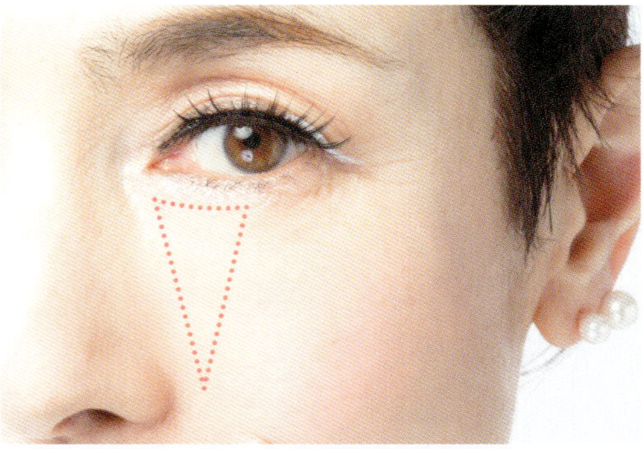

LIP

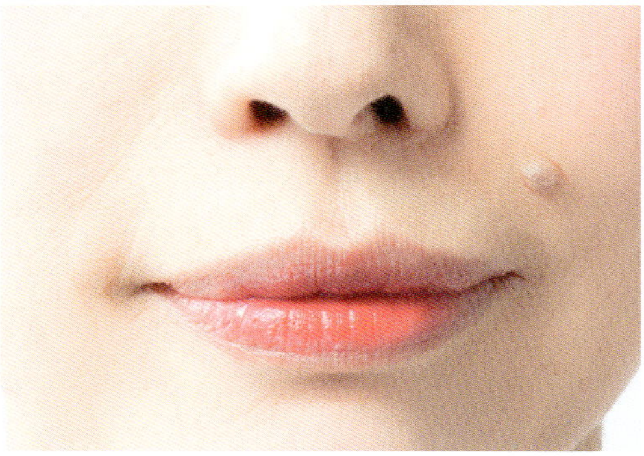

技ありの２色使いで立体感＆色っぽさをアップ

もともとの口唇の色に近いヌーディーカラーのリップを口唇全体に塗ります。次にクレヨンタイプのボルドーのリップを中心にのせたら、外側に向けて自然になじませるようにオン。ボルドーのリップは口唇全体にしっかり塗るのではなく、口唇の内側からグラデーションになるようにのせるのがコツ。濃い色のリップを口唇全体に塗ると、年齢とともに口角が下がった状態の口唇の形が逆に目立ってしまうので、輪郭を取らないことがポイントです。

撮影の舞台裏に潜入！

BACK STAGE PASS

**本格的なファッション撮影に
マチャミさんが
人生初トライした舞台裏を
チラッとお見せしちゃいます！**

Photograph by Shinichi Sasaki [SIGNO] , Raira [TWJ]

相澤樹×梅原麻衣子
MIKI AIZAWA
×
MAIKO UMEHARA

**花瓶に見立てたドレスで
マチャミさんの還暦を
モードにお祝い**

相澤さんがこの日のために用意したのは、花瓶をイメージしたこの世で１着のドレス。この日のためにデザイン＆仕立てられたものです。ほとんど裾が開かないため、ちょこちょこ歩きしかできないのが難点。真っ赤なウィッグにも、マチャミさん初挑戦。

ドレスが花瓶なら、マチャミさんはばら。ロンググローブの先にはトゲもあしらわれています。最初はとまどい気味だったマチャミさんも、徐々にノリノリに。

**スタッフも大集合！
＼ みんなで力を合わせた撮影 ／**

撮影の裏側にはこんなにたくさんのスタッフが。マチャミさんへのお祝いの気持ちを込めて、みんなでイメージを形にしていきます。

あかん、あかん
笑ったらあかん～

前田みのる×白井ユリ

MINORU MAEDA × YURI SHIRAI

竹久夢二の美人画のような美しいマチャミさんを撮影

着物＆大きなばらを抱えての撮影にトライしたマチャミさん。想像をふくらませながら表情を作っていく様子には、女優魂が感じられました。

勝俣淳子×光倉カオル

JUNKO KATSUMATA × KAORU MITSUKURA

真っ赤なスーツ＆ハードなモヒカンで新たな一面にフォーカス

フォトグラファーがポーズや表情をオーダーし、それに応えるマチャミさん。時折セットを出てモニターを確認しながら撮影を進めていきます。

よーし、
ワイルドにいくぞ～

まるでハイファッション誌のような撮影。足を白い箱にのせることで膝を高くして、より男っぽいポージングに挑戦。

ばらの花びらが舞い散る中での撮影。降らせては拾い集めての繰り返しで表情とばらのバランスのよいカットを模索していきます。

MESSAGE FROM STAFF

マチャミさんの美を支えるスタッフの皆さんからメッセージをいただきました。

MESSAGE FROM
MINORU MAEDA

嘘がつけなくてストレート そんな久本さんが大好き！

出会いは20年ぐらい前のことだと思います。CMのお仕事でご一緒したのが最初かな？　衣装は手仕事でアレンジしていて、とくに久本さんは華奢なのでサイズ調節は必須です。レギュラー番組のほかにも、ウェディングの撮影などにも登場していただいているんですよ。人生の先輩としては、60歳を迎えたら70なんてすぐ！　日々を楽しんでほしいですね。

PROFILE_

スタイリスト、デザイナー。イラストレーター、デザイナーとして知られる内藤ルネ氏に師事。独立後は男性スタイリストの草分け的な存在として、数々のCM、雑誌、TV等で活躍。www.maeda-minoru.com

STYLIST
前田みのるさん

HAIR & MAKE-UP ARTIST
白井ユリさん

MESSAGE FROM
YURI SHIHAI

久本さんは努力の人 刺激し合える関係に感謝

ロケのときに隣で寝たことがあるのですが、半目・口半開きで固まったまま、まったく動かないんですよ（笑）。寝姿は衝撃的でしたが、頭も性格もスタイルもよくて、とにかく笑いへの執着がすごい。私もヘアメイクに対する探究心を持ち続けよう、といい刺激になります。後期高齢者のお手本として、今後もどんなふうに年を重ねていかれるのかすごく楽しみです。

PROFILE_

CM、雑誌、TV等で幅広く活躍するメイクアップアーティスト。サロンやメイクアップショーに出演するなど、メイクアップテクニックの普及にも努める。
@blancheur201（Instagram）

HAPPY 60 SIXTY!

HAPPY SIXTY!

MESSAGE FROM
JUNKO KATSUMATA

幅広いコーディネートを我が物として着こなす逸材

妹の朋子さんからのご紹介で担当するようになって10年ほど。あっという間でしたね。体のバランスがとにかくよくて、スタイリングには苦労しません。ファッションの幅がすごく広くて、こんなスタイリングはどうかしら？と意外性のあるコーディネートをご提案しても着こなしてしまう。これからも、どんどん好きなものや、いいなと思うことを極めていっていただけたらと思っています。

PROFILE_
スタイリスト。21歳で独立後、映画、舞台、広告、テレビ、ショーなどで幅広くスタイリングを手がけて40余年、現在に至る。

STYLIST
勝俣淳子さん

HAIR & MAKE-UP ARTIST
光倉カオルさん

MESSAGE FROM
KAORU MITSUKURA

“とんでもない”ヘアメイクも久本さんだからこそ魅力的に

いつも、モードとしてではなく、久本さんならではのヘアメイクのご提案をしていますが、とくにヘアはちょっと“とんでもない”ようなスタイルも、一度ご自分の中に落とし込んで消化し、こなしてくださいます。そんな方って久本さんだからこそかもしれません。自信に裏打ちされた心の広さを持った、冷静でブレないカッコいい方だと思います。

PROFILE_
ヘアメイクアップアーティスト。1981年資生堂入社後、1984年に独立。現在は広告、雑誌などで幅広く活躍。有名女優、タレントからの信頼も厚く、指名も数多い。
www.dynamicdynamic.com

HAPPY 60 SIXTY!

MESSAGE FROM
MIKI AIZAWA

憧れの女性、久本さん 弟子として後を追い続けます！

子どものころからテレビなどで拝見していた久本さんに初めてお仕事のお話をいただいたとき、私はまだ20代でした。光栄で嬉しかった反面、すごくドキドキしたことを覚えています。60歳は暦が還ってもう一回0からスタートする歳。そんな大切な年に向けて、数年前から本を出しましょうとお話ししていたことが実現できて本当に嬉しいです。

PROFILE_

スタイリスト。アートディレクション、衣装デザイン、空間プロデュースなども手がける。また、アパレルブランド「Trinca un plus un」ディレクターを務める。trinca-unplusun.com

STYLIST
相澤 樹さん

HAIR & MAKE-UP ARTIST
梅原麻衣子さん

MESSAGE FROM
MAIKO UMEHARA

"大人可愛い"世界を ともに作り上げる幸せ

駆け出しのころから久本さんのヘアメイクを担当することに憧れ続けていたので、お話をいただいたときは「まさか！」と思いました。久本さんの持つポテンシャルにどこまで応えられるか、今でも心地よい緊張感を感じつつ、毎回楽しくお仕事ご一緒しています。今後も久本さんならではの"大人可愛い"世界を作ることに全力を尽くしたいです。

PROFILE_

映画、舞台、ドラマ、広告などで活躍するヘアメイクアップアーティスト。渡米してヘアメイクを学び、2002年に帰国。有名女優、タレント、アイドルなどからの指名も多数。

CHAPTER 2

ROAD TO KANREKI

SPECIAL TALK

還暦を迎えるにあたって会いたい先輩、同年代、後輩の3人とのスペシャル対談。

MARI_トップス、パンツ　参考商品／ともにEUROPEAN CULTURE（STOCKMAN☎03-3796-6851）、ピアス、ネックレス、バングル　参考商品／すべてimac（☎03-3409-8271）

WITH 先輩

MARI YOSHIMURA

芳村 真理

女性司会者の先駆者としてマチャミさんが尊敬してやまない芳村真理さん。
いつかゆっくりお話ししたいわね、という口約束がついにこの日実現しました。

MARI: Styling by KEIKO KUSAKABE　Hair & Make-up by MARIKO KAKU　MACHAMI: Styling by MIKI AIZAWA　Hair & Make-up by YURI SHIRAI
Photograph by SHINICHI SASAKI [SIGNO]

飛び込んで面白がり続けながら人生一〇〇歳時代を駆け抜ける

久本：今年で83歳なんて信じられないです。その若々しさの一番の秘訣ってなんなんですか？

芳村：ずっとお仕事してることかしらね。もう60年やってるもの。モデルに始まりラジオやテレビのお仕事を通して、若いころからとにかくたくさんの人に出会えたのはラッキーね。仕事しながらいろんなことを学んだの。だから、とくにこれからの世代の方には、表に出なさい、なんでもいいから仕事をしなさい、っていつも言ってるの。今や人生一〇〇歳の時代だもの。たいへんよ。

久本：真理さんなら一二〇歳までいけそう（笑）。お元気ですし、年齢を重ねると刺激を受けることがめんどくさいっていうか、守りに入りがちなのに、そういうところがまったくないですもんね。

芳村：人生一〇〇歳の時代になっちゃったから、私達が手本にならないと。若い世代に同調はしないけど、同じ時代を一緒に生きてるんだし、一緒に成長しなきゃ。そのほうが楽しいもの。新しいことに触れない、知ろうともしないなんてもったいない。一筋縄の人生なんてつまらないじゃない。

久本：いろんなことにトライして、新しい自分に出会えたほうが得ですもんね。

芳村：そう、得（笑）！ 損得から言ってもそう。ところで雅美ちゃんは未婚でしょう？同棲は？

久本：ないんです。何人もお付き合いはしましたし、どうする？ってなったこともあったけど、とにかく自分が面白くなりたい、なりたい、ってそればっかりだったんですよね…。

芳村：籍は入れなくてもいいから、そろそろ試してみてもいいんじゃない？ うちの主人は亭主関白で冗談じゃない、って思うこともあったけど、自分ひとりでは得難いことがいっぱいあったし、男の人の考えとか生き方とかものすごく刺激になるから。還暦を期になんて、かっこいいわよ。むしろ還暦だからこそ、パートナーの1人や3人いたっていいじゃない。一回全てを切って、広げてください！

久本：よっしゃー、恋しよう。恋する！しっかし、83歳と60歳の対談が本になるなんて、昔なら考えられないですよね（笑）。あ～、勇気出た～！

PROFILE

1935年生まれ。日本最初期のファッションモデルとして活躍後、長寿番組「夜のヒットスタジオ」、「料理天国」をはじめ数々のTV番組で女性司会者の草分け的存在として司会を担当したほか、女優としても活動。現在はNPO法人「MORI MORI ネットワーク」副代表理事を務める。

WITH 同年代

JUN MIURA

みうら じゅん

早生まれのため１級上なものの、マチャミさんと同年生まれのみうらじゅんさん。
若かりし頃は多いときで週３日も一緒に飲み歩いていたというふたりの爆笑対談。

MACHAMI: Styling by JUNKO KATSUMATA　Hair & Make-up by KAORU MITSUKURA [dynamic]　Photograph by RYOSUKE NAKAGAWA [UBER]

下ネタ全開の青春をともにした〝バ還暦〟仲間

久本：じゅんちゃん、久しぶりやな～。昔は、ほんまにしょっちゅう飲みに行ってたよなぁ。

みうら：ほんまやなぁ。当時、久本は俺の自慢の女やったから、いろんな奴に紹介したくて。いつやったか、俺の友達何人も連れて旅行行ったことあったやろ。あんとき、宴会場で男友達が全裸になったもんで悔しかったんやろな、お前も全裸で演台上がって最初は茶碗、次にお猪口という具合にアソコだけ隠して、最後に割り箸で、隠れるか～！ってギャグ。爆笑したもんやった。あれ以来、俺、お猪口見るとな、お前のこと思い出す始末（笑）。

久本：あたし下の毛薄いから、お猪口なら隠せせんねん（笑）。あの頃は次の日のことなんてまったく考えずに、明け方まで何軒もはしごして、一升瓶買うて誰かの家なだれこんでさらに飲んどったな。

みうら：週に3日は飲んでたからね。一緒に飲んで酔っ払ってそのまま俺んちで寝て、そのまま仕事行っとったから久本は（笑）。そのときしてた話の内容まったく思い出せへんけど、真面目な話もしてたと思う。久本は真面目で下品な人やったから、基本。それに、可愛い女芸人って、久本が最初やったん違う？

久本：お笑いにしては、よ。中途半端な顔っていうのはコンプレックスやったけどな～。

みうら：それもよう言っとった。久本がメジャーなテレビ出るようになってあんまり会われへんようになったけど、何年か前にたまたま同じ仕事やったとき、俺の楽屋に訪ねてきたことあったやん。そしてひと言、〝みうらぁー、わし変わってへんぞ！〟って叫んで去ってった。

久本：全然覚えてへん（笑）。

みうら：一番言いたかったことやったんと違うかなぁ。あれからあっという間やったな。思てた60歳より若いけど、それでも〝老いるショック〟やな。俺の赤いちゃんちゃんこ持ってきたから、そこにサインしてくれへん？周りみんなバ還暦やから、ちゃんちゃんこ回そと思う。久々にバ還暦集めて飲み会しようや。次会うときは棺桶かもしれへんけど（笑）。

久本：あたしが先やったら、お猪口で日本酒飲んで思い出してな～。

みうら：アソコのことしか思い出せへんだらどうする（笑）？

PROFILE

1958年生まれ。イラストレーターなど。武蔵野美術大学在学中に漫画家デビュー。1997年「マイブーム」で新語・流行語大賞入賞。「ゆるキャラ」等数々のムーブメントを巻き起こしたほか、著書多数。miurajun.net

WITH 後輩

YUSUKE KAMIJI

上地雄輔

上地雄輔さんは、まだ駆け出しの頃からマチャミさんが可愛がり続けている後輩。
ワハハ本舗の地方公演にも電話一本で駆けつけていた懐かしい日々を振り返ります。

MACHAMI: Styling by MINORU MAEDA　Hair & Make-up by MAIKO UMEHARA　Photograph by RYOSUKE NAKAGAWA [UBER]

愛にあふれたふたりの居心地のいい素敵な関係

久本：そもそも上地と出会ったのは、柴田（理恵）さんがきっかけなんよな。ふたりで飲んでたとき、"女子力アップのために、気軽に遊べるイケメンいないかな"って話してたら、ちょうど舞台で共演したいい子がいるからって電話して。おいでって言ったら、結構夜遅かったのにすぐ来てくれて。

上地：そうそう（笑）。まだ映画に出始めたぐらいでそんなに忙しくなかったし。それから多いときで週5日飲みに連れて行ってくれるようになって、ワハハ本舗の皆さんにも可愛がってもらって。

久本：ツアーで広島いるから来い！とかね（笑）。

上地：ワハハの公演観に行ったら舞台に呼ばれて、そのままお下品な演目に参加しちゃったりしてね（笑）。映画やアイスショー行って、花見もしたし、卓球にハマった時期もあったね。楽しかったなぁ。

久本：ホワイトデーに、柴田さんと上地の友達と4人でWデートしたこともあったな。上地の地元の横須賀を案内してくれて、手作り弁当でピクニックして、行きつけの喫茶店行って。

上地：最後は東京に戻ってきて夕飯食べて、似顔絵描いたケーキを用意しといたんだよね。金はなかったけど感謝を込めていろいろ準備したんだよ。

久本：行く先々でおもてなししてくれて、シメに手紙朗読。柴田さんと大号泣（笑）。完全に母の日（笑）。大ブレイクして忙しくなっても、そういう優しくてあったかいところは全然変わらんな。ずっと一緒にいても、ずっと嫌な気がしない。

上地：姉やんも変わらないよね。相変わらずキレイだし、第一線で活躍し続けててさ。俺、20年後に姉やんみたいになってる自信ないもん。無敵だよね。どうしたらそんなふうになれるの？

久本：根拠なくても自信持ってさ、してきたことをちゃんと意味のあることにしてけばいいんだよ。

上地：でもさ、俺ももう男として若くはないけど、姉やんはむしろ女としてどんどん可愛くなってるよね。女子力上がってるし、キレイになった。

久本：お誉めの言葉ありがとね。人生のパートナー出てくるかも〜！

上地：うん、もうそれ20年近く聞いてるよ（笑）。

久本：ところで、誕生日おめでとう！

上地：えっ！やっぱり！あの紙袋！俺へのプレゼントかなって思ったけど、違ったら恥ずかしいなと思ってたの！覚えててくれたんだ！毎年誕生日にメールくれるのに、来なかったからさ……！

久本：今日会うから、わざと送らんかった（笑）。

上地：も〜、姉やん！ありがとう！大好き〜!!

PROFILE

1979年生まれ。ドラマ、映画、バラエティ、CMと多岐にわたり活躍する俳優。2007年『クイズ！ヘキサゴンII』で同時期に共演していたつるの剛士・野久保直樹とともに「羞恥心」を結成し、翌年歌手デビュー。2009年より「遊助」名義で音楽活動も行っている。www.yuusuke.jp

還暦で手に入れた六十歳という〝面白アイテム〟

周りからも「六十ですね」とか、「還暦ですよね」と言われるようになって、なるほど六十って節目だなって思う。でも、それよりまず、六十になるって面白いよね、って思う気持ちのほうが強いかな。まさか自分が六十になるなんて思ってないじゃない、若い時分には（笑）。三十、四十のころは舞台やって、テレビやラジオの仕事して、毎日のように朝まで飲んで…。ずっとイケイケドンドンできたから、六十になることに対してとくに心構えもなくて、「へっ!?もう六十になったの」っていうのが正直なところ。なってみて、六十歳っていう〝面白アイテム〟を手に入れたな、と感じています。若いころと同じようなことをしても、妙に説得力が出たり、〝六十でそんなことやるの!?〟っていう新たな面白さが生まれる気がする。「六十だけど何か問題でも?」って強気にいけるし、六十だからこそ、逆に遊びが増えるんじゃないかな。トークにしても、ファッションにしても。

まだまだ進み続けるし、挑戦し続けるし、やり続けるんだけれども、六十になったことで、振り返るっていうか、一回ちょっと立ち止まるっていう感覚も、あるにはあります。体力面でもどうしたって落ちてくるから、健康第一でいこうと思うし。昔ならバーッと勢いでいけたところが、「ちょっと待って、大丈夫かな?」ってなるもん。

今までは、どんどん突っ走って力を付けるためにもガンガン行くぞ!と体力的にも精神的にも何の不安もなかったけど、これからはどうやってちゃんと生き延びていこうかって（笑）。人生一〇〇歳

HELLO 60TY!

「まだ60歳なってへんで」と笑うマチャミさんに、還暦を迎えるにあたっての心境をロングインタビュー。第一線で活躍し続けるマチャミさんの素顔に迫ります。

Styling by MIKI AIZAWA　Hair & Make-up by YURI SHIRAI　Photograph by SHINICHI SASAKI [SIGNO]

の社会だから、六十で一旦、よしっ!って気合いを入れ直さないと。七十、八十…と、今後どう自分を磨いていくのか、やっぱり勢いだけでは無理になってくると思いますよ。勢いだけじゃいけないっていう感覚を持つこと自体、ひとつの変化かもしれませんね。

いい年してバカなことができる愛すべき我がお笑い人生

最近、ある番組で五十三歳のときの私の映像を見たんですよ。自分のベストパフォーマンスとして挙げた映像なんだけど。ワハハ本舗の舞台で、走り回ったり飛んだり跳ねたり、ケツでキュウリ割ったり（笑）。自分で言うのもなんだけど、コイツかっこいいな、すげぇな!って思いましたね（笑）。五十三でこんなバカなことやってたんだ、若いな!って。スタジオのみんなはドン引きだったけど（笑）、私ひとりでケラケラ笑っちゃった。

人を笑わせたいっていうのは、私の本能みたいなもので、それが運よく仕事にも生かせている。ありがたいことですよね。自分がやりたいことって、やり続けることで、次第に使命に変わっていくと思うんですよね。私の場合は、これからもずっと笑いをやり続けていきたい。ひとりでも多くの方に喜んでもらって、笑顔になってもらえたら最高に幸せ。これが私の使命かと。いい年してバカなことやって笑い取って、我ながらそういう人生好きだなぁ、って思います。

結局、好きなんだよね。笑いのない人生、笑ってもらえない人生っていうのは考えられない。自分がどんなに疲れていても、どんなにしんどくても、人前に出て笑ってもらえたら、それだけで自分が元気になっちゃう。嬉しくてしょうがないし、楽しくてしょうがない。笑いっていうものがむちゃくちゃ好きなんでしょうね。それが一番の健康法なのかもしれませんね。

輝ける四十、五十代
六十という現在地とこれから

こうやって話していて、改めて、ああ、六十年生きてきたんだって実感が湧いてきますね。あっという間、ほんと、あっという間。私の知っている六十オーバーの先輩たちは、みんな元気で、平気で自転車乗って走り回ってるし、衰えを感じさせない。上の人たちがそうだから、逆に四十、五十の人は世間的にはいい大人なんだけど、私から見たら「若いね～」なんて思っちゃう。「五十五なの？まだ若いね」って。自分が言われていたころには「マジすか!?」って思ってたのに、そうなっちゃうんだよね。だからきっと、六十ってまだまだ若いんだと思いますよ。

あえて言うなら、四十代、五十代はとくに楽しかったですね。イケイケだもん。女性としてもちょうどいい円熟味が増すっていうか、色っぽさが出るよね。キャリアも積んで、大人の女になっていつつも、体型もそんなに変わらなくてまだまだキレイだし。四十代が一番魅力的な気がする。四十代で諦めちゃうなんてもったいないよね。そのへんで分かれてくるかもしれない。積み上げてきたものの真価がハッキリしてきて、よりいっそう輝いていけるかどうか。

だから、若い世代の皆さんには、やりたいことがあったら、まずとにかくやってみるべきだと思いますね。やらない後悔よりやった後悔のほうがいい、ってよく言うじゃないですか。本当にそう。どうなるかわからないよ、人生なんて。私だって、舞台やテレビに出て、たくさんの人に喜んでもらえるようになりたい、っていう希望はあったけど、二十代で東京に出てきて劇団入った当時、成功するか失敗するかなんて分からなかったわけだし。やりたいと思うことがあるなら、絶対にやったほうがいいと思う！

やりたいことが見つからないっていう人は、見つからない、って諦めるんじゃなくて、探そうと努力したほうがいいんじゃないかな。未来はまだ何も決まってないんだもん。思い悩むことも多いけど、一人で考えても行き詰まっちゃう。信頼できる人たちと話すってとても大事なこと。話すことによって、自分の心が整理できたり、自分自身の考えが見えてきたりしますよね。人と出会うことは宝ですよ。世界が広がる。学ぶところがあるから、どんな人とも関われる柔軟な自分でありたいと思っています。どんどん頑固になって、自分だけの世界に入って排除してしまったら、孤独になっていくし、見えるはずのものも見えなくなっていっちゃうからね。ただ、最終的に決めるのは自分。だからまずは、自分を信じてあげてほしい。

人間って、人の役に立てたときが一番元気になれるんじゃないかと思います。私の場合は、舞台や番組を観てくださった方の笑顔がそうであるように。自分がほしいものを手に入れたときも嬉しいけど、それよりもはるかに、誰かに必要とされ、お役に立てる、何か人が喜んでくれることができたときっていうのが一番嬉しい。今悩んで前に進めずにいる人もきっと、やらなきゃいけないこと、やるべきことがある。その人しかできないことが絶対あると思う。私もそうだけど、そういうものを探りながら、トライしてもらいたいな、と思いますね。若いときの失敗なんて、いくらでも取り返せちゃうから、本当に。

トーク番組とかでいろんな人の話を聞くけど、苦労した人の話のほうが面白い。深いし、笑えるし、感動する。若いときの苦労は買ってでもし

ろ、って言うけど、そのとおりだと思う。なかなか思うように行かなくても、人をねたんだり、自分を卑下したり、存在を否定したりせず、「よし、意味のあることにしよう！」って考えるようにするといいんじゃないかな。悩んだ分だけ強くなったり、人としての厚みが出たり、輝いていったりする。そういう人生のほうがいいじゃない！

ないものは出ないし、積み上げてきたものが人間力。だから、まだまだだなぁ〜。七十、八十になったら、魅力的な可愛いおばあちゃんでいたい。その世代の方におばあちゃんなんて言ったら、怒られちゃうかもしれないけど（笑）。

先に見えてくるゴール 生涯現役で駆け抜けたい

年上の方から、年取ったら忙しい、忙しいって聞いていて、ちょっと前まで「何がそんなに忙しいのよ」って思ってたけど、本当に時間がない（笑）。白髪は3週間に1回染めなきゃいけないし、整体は1週間に1回行かなきゃもたないし（笑）。トレーニング、声はとくに衰えたくないから、ボイトレも欠かせません。若々しくエネルギッシュでいるために、ケアしないとね。「六十年間止まらずにいてくれて、心臓、ありがとう！」だよ、ほんとに。

面倒くさがりだから、とくにこれっていう健康法はないけど、毎日水筒に2本、お白湯を入れて持ち歩いて飲むようにしています。朝起きたらまずお白湯飲んで、プロテイン飲んで、ただでさえ外食がちなので、昼食ぐらいは、なるべく妹や知り合いの方が作ってくれるお弁当を持っていくようにしているぐらい。

英語話せたらいいなぁとか、楽器弾けたらいいなぁとか、歌うまくなりたいなぁとか、今でも向上したいと思っているし、外国暮らしにも憧れる。まだまだやりたいことがいっぱいありますよ。でも「生涯現役」、それだけは絶対的な夢。年を重ねてこその笑いっていうのがあると思うし。昔も面白かった人が、年齢いくと味わいを増すっていうかね。くだらなさに磨きがかかるっていうか（笑）。私もそうなりたいですね。六十歳っていう面白アイテムを掴んだことで、年齢を逆手に取れるようになった（笑）。肩の力を抜いて、いろんなことをシンプルに楽しめるようになったし、まだまだいける感があります。

だから、六十五、七十…と今後が楽しみなんですよね。七十になったら、またひとつ何か変化が起こる気がします。今も薄々思ってはいるけど、いよいよ、やり残したことはなんだろう、ないのか？って自分で探っていく感覚が強くなるんじゃないかなぁ。そのために、どういうものを選び、どう楽しんでいこうかっていうのをよく考えて、質のいい時間を過ごしたいですね。少しずつゴールが見えてきつつある中で、生涯現役であり続ける。それが自分の最大のテーマですね。

「久本雅美にそんなに興味ねーかも記念館」所蔵品で見る

マチャミ60年の歩み

ごあいさつ

「久本雅美にそんなに興味ねーかも記念館」は、1985年7月、世界中のそんなに興味ねー人々の熱烈な支持を受け、中野坂上に誕生しました。本人のプライベート写真はもちろん、24インチ自転車や爪楊枝ケースなど、久本雅美愛用の品々を展示してまいりましたが、1986年、年間の入場者数が2、3人という憂き目にあい、あえなく閉館となってしまいました。今回は、芸能界に数多くの足跡を残した久本雅美さんの60年の歴史を、当館所蔵の貴重な写真やグッズとともに振り返っていきたいと思います。そんなに興味ねー人はもちろん、興味あるマニアの方にも喜んでいただけるものと信じております。それでは、一緒に久本雅美60年の歴史にタイムスリップしましょう。

「久本雅美にそんなに興味ねーかも記念館」

初代館長：鈴木正人

東京ヴォードヴィルショー時代の同期生

1958年 0歳

大阪市平野区に生まれる。生後まもなく自らの乳首を抓み「ヨロちくび～」と叫んだとか、叫ばなかったとか。

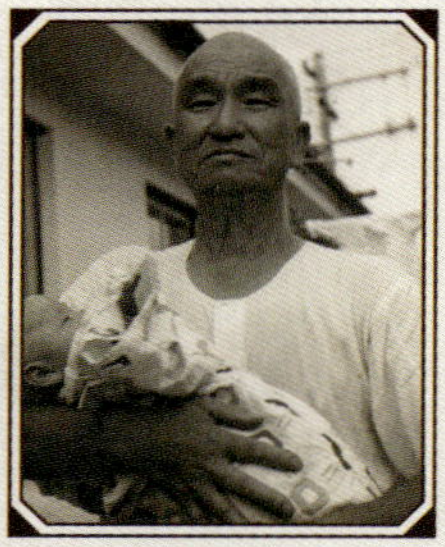

60年の人生で男に抱かれたのはこの2回だけだそうです。

1964年 6歳

カメラの前でひょうきんなポーズを取る久本さん。この時代に残されている写真は、ほとんどおどけたポーズのモノばかり。6歳も60歳も、やってることは同じですね。「三つ子の魂百まで」を、身をもって証明する貴重な写真です。

1965年 7歳

七五三での記念の一枚。昔はカメラの性能が悪かったため、太陽の方向を向いて撮影することがほとんどでした。そのため、被写体となる人は眩しくて目を閉じてしまうケースが多々ありました。この写真の久本さんも、見事に目を瞑っています。時代が反映された見事なショットです。

告白

※写真は記念館による再現品であり、実物ではありません。

1971年 13歳

中学1年のバレンタインデーに、小学校のときからずっと好きだったタカノくんに告白。当時、マフラーや手袋など、「手編み」のモノをプレゼントするのが流行っていたことから、久本さんも「手編みの貯金箱カバー」を彼にプレゼント。彼からは「ありがとう」と言われたらしいのですが、彼の心の声を代弁すると「貯金箱カバーって…カバー要る？貯金箱に。しかも、俺貯金してねーし」。100円ショップ、ダイ○ーに確認したところ、現在の日本で貯金箱カバーが商品化された記録はないということでした。需要がないということですね。

なお、こちらの写真も残されているため、「貯金箱」よりも「郵便ポスト」に特別な思い入れがあるのかも知れません。いずれにしても、需要がないこととフラれたことは間違いありません。

高校生

1974年 16歳

高校時代の久本さんは、本当にモテていたそうです。ただ、モテるための努力も怠りません。特徴的な歯茎が目立たないよう、日夜鏡の前で、歯茎を隠して微笑む練習を重ねていたとか。この写真にも、その成果が出ていますね。

青春

1977年 19歳

この当時、サーファーの彼氏と付き合っていた久本さん。波乗りを楽しむ彼の帰りを、砂浜で健気に待つ様子がうかがえる一枚です。60歳になった今も、心象風景はこんな感じです。とにかく、待ってます。

漫才コンクール

1977年19歳

この年、「話し方教室」で出会った友人のタチノさんと、冗談半分で「漫才コンクール」に応募。見事、優勝し賞品のシンガポール旅行を獲得しました。これは、そのころの漫才の練習風景を写した貴重な一枚です。さらに、コンクールに居合わせた毎日放送のアナウンサーの紹介で、明石家さんまさんのラジオ「ヤングタウン」にも出演。まだ、この業界に足を踏み入れるつもりなど全くない、普通の短大生のころのことです。

1978年20歳

大学時代、オシャレが大好きだった久本さん。大阪の桃谷にある洋服屋さんで、店員のアルバイトをしていました。達者な喋りで、たくさん商品を売る娘がいるとの噂が広がり、ファッションのメッカ、アメリカ村からスカウトされたというエピソードも残されています。好きな「ファッション」と好きな「お喋り」、2つの才能が花開きました。

アルバイト

東京ヴォードヴィルショー入団

1981年23歳

「ちょっとドライブに」と家出同然で上京したときの、原宿での一枚。そして飛び込んだのが「劇団東京ヴォードヴィルショー」というお笑いの劇団。「ファッション」と「お喋り」ともうひとつ自分の好きな「笑い」に気づき、その第一歩をここで歩み始めました。生涯の友となる柴田理恵さんとも、ここで出会っています。

WAHAHA本舗設立

1984年25歳

劇団ヴォードヴィルショー時代の仲間と新しい笑いを目指して立ち上げた「劇団WAHAHA本舗」。同年、オーディション合格で入団した梅垣も加わり、本格的な演劇活動がスタートしました。当時は、3カ月に一度公演を行うという過酷な活動状況の中、劇団員全員、稽古が終わって深夜からアルバイトをするという生活を続けていました。久本さんも例外ではなく、高円寺のスナックで働いていました。閉店後に必ず現れる柴田さんと、お客さんのキープのボトルから1cmずつバレないようにしていただくお酒が当時の楽しみでした。

※劇団時代の活動や舞台写真は、50〜59ページをご参照してください

打ち上げの主役

1985年27歳

人を楽しませることが大好きな久本さん。劇団の打ち上げでも常に場を盛り上げ、共演者やスタッフを楽しませています。今でも朝まで飲んで騒ぐのが大好きだそうですが、決して一人の淋しい部屋に帰るのが嫌だからではありません。決してSEC◯Mの機械音で「おかえりなさい」と言われるのが嫌だからではありません。決してダブルベッドに一人で寝るのが嫌だからではあり…信じてください！

下積み時代

1982年24歳

久本さんが大阪の実家に帰省した際、東京のアパートに暖房器具がないことを心配したお母さんが、バッグの中にこっそり「ナポレオン」を入れてくれました。添えられた手紙には「飲み過ぎはダメだけど、寒い時は温まると思うのでお父さんのボトルを入れておきます」と書いてありました。現在、芸能界で確固たる地位を築いた久本さんのマンションには、十分な暖房器具があります。しかし心はまだ寒いので、AMAZ◯Nでナポレオンを定期購入しています。

1988年30歳

当館には、久本さんがこの「知らないオバさん」と写っている写真が数多く残されています。このオバさんを知っているという方がいましたら、当館まで情報をお寄せください。よろしくお願いします。

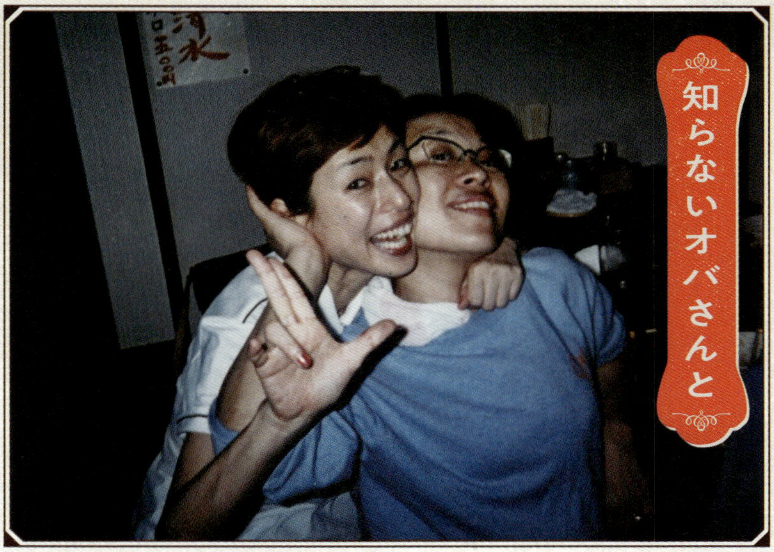

知らないオバさんと

1994年36歳

1985年「今夜は最高」(NTV)、1993年「笑っていいとも!」(CX)、1996年「メレンゲの気持ち」(NTV)、2003年「クイズぴったんこカン★カン」(TBS)、2007年「秘密のケンミンSHOW」(YTV)と数々のテレビのレギュラー番組に出演。現在もたくさんのレギュラー番組をお持ちですが、レギュラーの彼氏は皆無です。

レギュラー番組

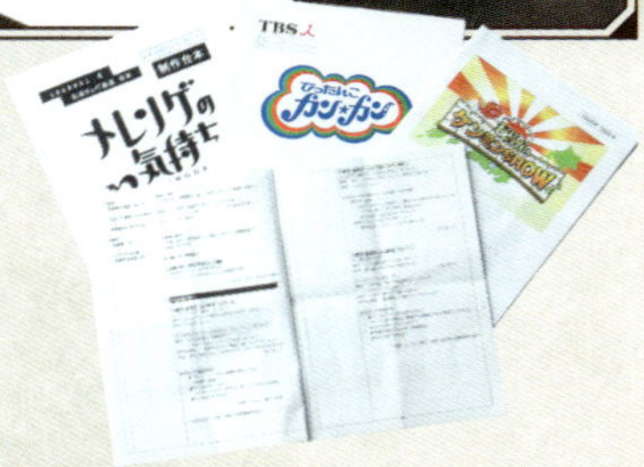

ベンツ購入

1994年36歳

テレビでの仕事が忙しくなり、仕事場への移動のために高級外車・ベンツを購入。テレビ局のプロデューサーから、「メルセデス買ったんだって?」と声をかけられると、「メルセデスじゃないです、ベンツです」と答えました。メルセデスではなくてベンツ。久本さんの、強いコダワリが感じられます。

免許取得

2005年47歳

この年、一念発起して目黒の教習所に通い、見事、普通自動車免許を取得。と同時に、ずっと憧れていたミニクーパーを購入し、一人で中野から銀座へドライブに向かいました。しかし、反対車線を横切る「右折」が怖くてできず、「左折」のみで目的地に向かいましたが、銀座に到着することはできませんでした。左折だけでは銀座にたどり着けない。貴重な教訓ですね。現在、久本さんの免許証には「左折限定」と記されています。

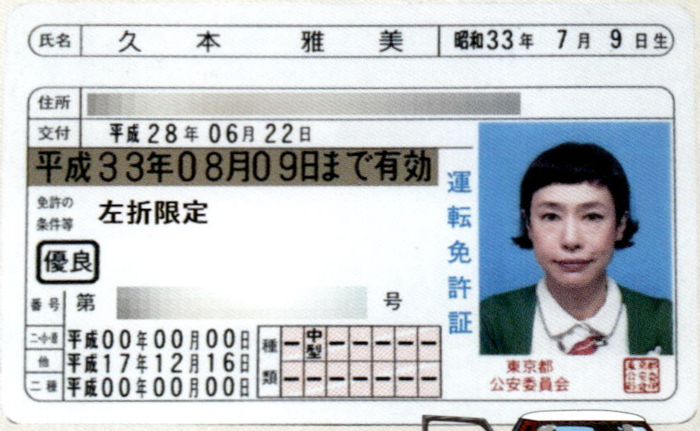

2001年43歳

この年、NHK調査による「好きなタレント・女性部門第1位」に輝きました。面白くて、可愛いくて、~~歯茎が出てる~~オシャレ。そんな理由から、さまざまな世代の人々の支持を集めました。ファッションへの強いこコダワリが見える一枚ですね。

好きなタレントNo.1

1年で2歳歳を取る

2007年49歳

人間は、通常1年で1歳年を取るものですが、この年、久本さんは2歳年を取りました。常人には考えられないことですが、こういうこともあるんですね。私はずっと同級生だと思っていましたが、この年、急に離され、愕然としたことを覚えています。1年で2歳。それも久本さんの才能のなせる業です。

中でも注目したいのは、2008年の台湾旅行での一枚。舞台やテレビでは何をしても恥ずかしがらない久本さんですが、この久本さんは、本当に恥ずかしそうです。「うわぁ、お父ちゃんはビル登ってるし、みんなは空飛んでるやん」。文字にしても恥ずかしいですね。久本さんのリアルに恥ずかしい表情が出ている貴重な一枚です。

家族写真

2008年50歳

2000年から、毎年お正月に家族で集まり、集合写真を撮ることが恒例になりました。

結婚

2018年60歳～

これまでも、これからも予定はありません。
下記のスペースは、MEMOとしてご活用ください。

MEMO

※P40～47には、鈴木館長の個人的見解が一部含まれています(編集部)。

初のレッドカーペット

2018年59歳

板野友美さんとW主演を果たした映画『イマジネーションゲーム』上映のため、上海国際映画祭に招かれレッドカーペットの上を歩く久本さん。レッドカーペットの先には、レッドちゃんちゃんこがお待ちしています。

MESSAGE FROM
RIE SHIBATA

ワハハ本舗の看板女優としてともに駆け抜けてきた柴田理恵さんはいわば盟友。
そんな柴田さんに、久本さんへの直筆メッセージをいただきました。

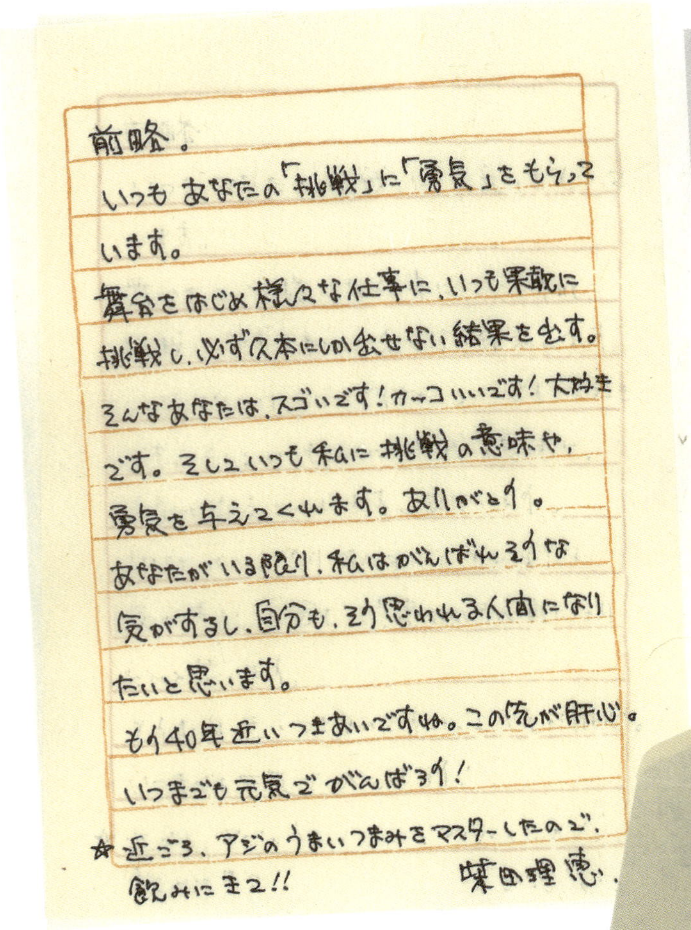
前略。
いつも あなたの「挑戦」に「勇気」をもらって
います。
舞台をはじめ様々な仕事に、いつも果敢に
挑戦し、必ず久本にしか出せない結果を出す。
そんなあなたは、スゴいです！カッコいいです！大好き
です。そしていつも私に挑戦の意味や、
勇気を与えてくれます。ありがとう。
あなたがいる限り、私はがんばれそうな
気がするし、自分も、そう思われる人間になり
たいと思います。
もう40年近いつきあいですね。この先が肝心。
いつまでも元気でがんばろう！
☆近ごろ、アジのうまいつまみをマスターしたので、
飲みに来て!!
柴田理恵。

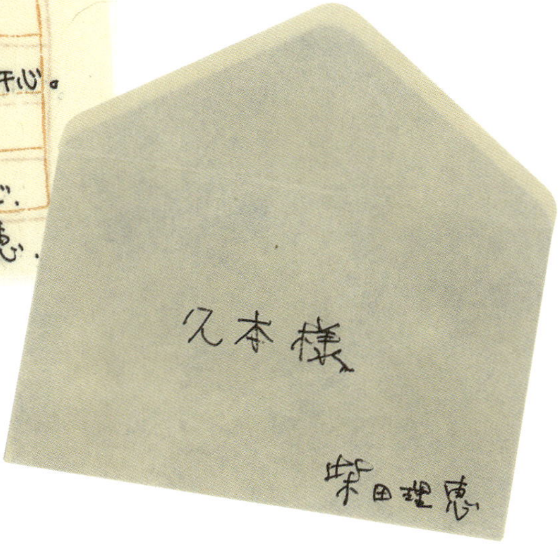

ワハハ本舗立ち上げ以前に20代でマチャミさんと出会い、ともに劇団を立ち上げ、舞台に立ち続けてきたほか、映画やテレビドラマ、バラエティ番組などにも活躍の場を広げてきた柴田さん。お気に入りの越前和紙のシックなレターセットに、愛情あふれる手紙をしたためてくれました。

CHAPTER 3

MACHAMI IN WAHAHA HOMPO

HISTORY OF WAHAHA HOMPO

マチャミさんのホーム、ワハハ本舗。
コメディエンヌの真骨頂がここに！

YEAR 1983

1984.06

東京ヴォードヴィルショー出身の佐藤正宏、村松利史、柴田理恵、久本雅美、渡辺信子の5人が放送作家・喰始とともにワハハ本舗を設立。

旗揚げ公演『村の力』

1984.08.23-27（新宿／タイニイアリス）

なぜか林家こぶ平（現・林家正蔵師匠）、宮沢章夫氏も役者として参加。旗揚げ公演としては異例の1,000人以上の観客を動員。

YEAR 1984

第2回公演『福祉』

1984.12.19-23（高田馬場／東芸劇場）

すずまさ、梅垣義明、吹越満、なんきんが参加。当時の久本雅美は"ワハハ本舗の原田知世"キャラだった。

MACHAMI'S STAGE PHOTO

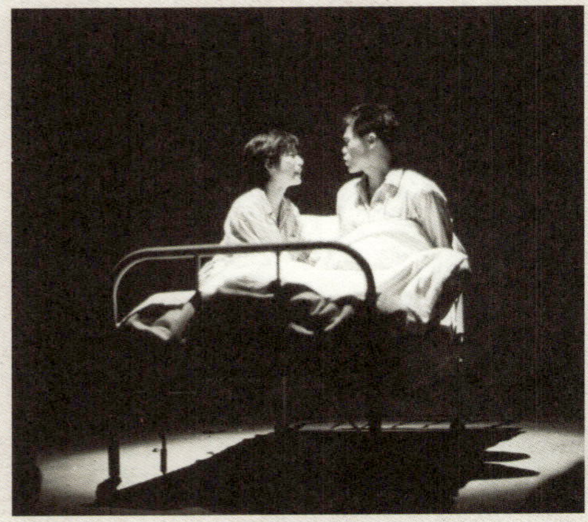

久本&すずまさのベッドシーン。／『福祉』

ワハハ本舗立ち上げメンバー。

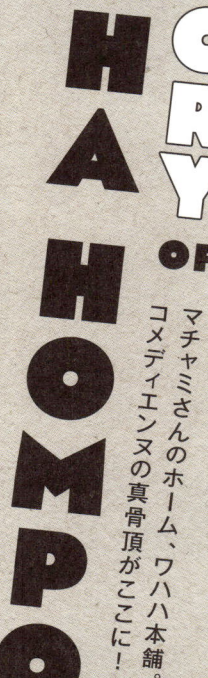

YEAR **1986**

第6回公演『ワハハのスペース凸凹珍道中』

1986.03.25-30
（下北沢／ザ・スズナリ）

「ナス久本」が初お目見え。当初の美少女キャラからすでに脱しつつあった久本雅美が、完全なるバカキャラへと転身。

第7回公演『ワハハの極楽探検隊』

1986.06.03-10
（下北沢／駅前劇場）

放送作家・高平哲郎氏が演出として参加。同年9月、幻となったサンフランシスコ公演の代わりに**第8回公演（&宴会）『芸者ボーイand寿司ガール』**（箱根湯本ホテル）を上演。

第9回公演『ハテナ？』

1986.12.10-21（下北沢／ザ・スズナリ）

タモリ氏や谷啓氏などそうそうたる面々がゲスト参加。赤塚不二夫漫画キャラクターのセリフだけでクラシックの名曲メドレーを奏でる「赤塚不二夫合唱団」がこの公演で誕生。

YEAR **1985**

第3回公演『底ぬけ』

1985.04.02-08
（下北沢／ザ・スズナリ）

名物ネタのひとつ「オカルト二人羽織」が誕生。本人も自覚していなかったであろう久本雅美の本質が炸裂する。

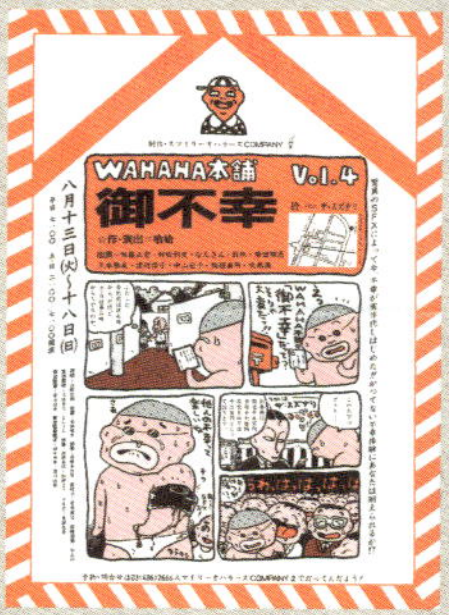

第4回公演『御不幸』

1985.08.13-18（下北沢／ザ・スズナリ）

「女囚漫才」をはじめ、今後定番化していくネタが多数登場。このころ、女優陣はTV番組『今夜は最高!』レギュラー開始。

第5回公演『踊る芸達者』

1985.11.26-12.02
（新宿／タイニイアリス）

ネタを連発する形式に舵を切った本公演が話題となり、劇団としての方向性が決定的に。

「女囚漫才」での柴田との2ショット。／『御不幸』

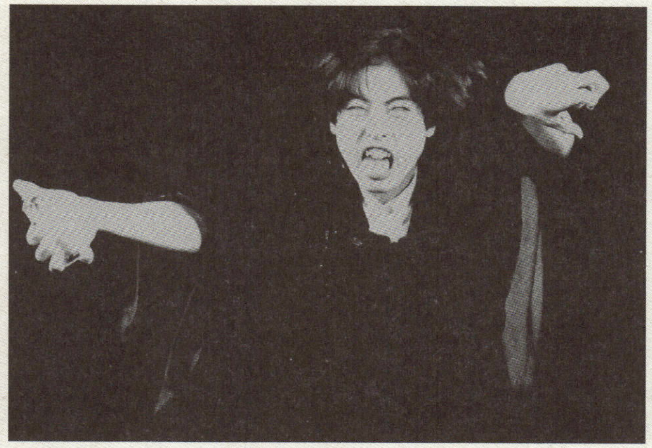

「オカルト二人羽織」で美少女キャラ脱却。／『底ぬけ』

YEAR 1988

YEAR 1987

第12回公演『水着の人気者』

1988.07.23-25（新宿／シアターアプル）

これまでのキャパ200人以下の小劇場から700人収容のシアターアプルへと場所を移すも空間負けを恐れ、ビールケースを積み上げ劇場内に小劇場を作る。

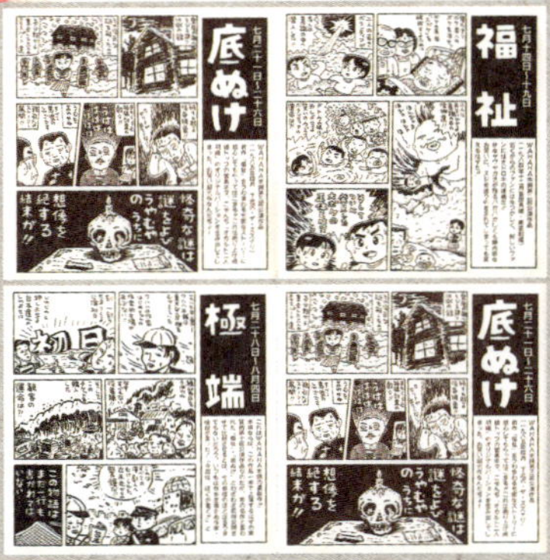

第11回公演『宗教』

1987.12.03-13、22-26（下北沢／駅前劇場）

前回の失敗を踏まえ、「もう喰始さんには書かせない」と台本に頼らず役者自らがネタを考えるスタイルに。無事公演は成功を収める。

第10回公演『ドラマinワハハ本舗』

1987.07.14-08.04（下北沢／駅前劇場）

『福祉』、『底ぬけ』の再演に新作『極端』の3本立てとなるはずが、喰始の『極端』の台本が間に合わぬまま上演し、劇場が凍りつく。

MACHAMI'S STAGE PHOTO

まだ一般的な知名度はなかったものの、このころすでに舞台の人気者だった。／『水着の人気者』

神様が新聞広告で募集したお笑い劇団「神様本舗」の一員として孫悟空風の姿で登場。／『宗教』

YEAR 1991

YEAR 1989

第15回公演
『シェイクスピアだよ! 全員集合!!』

1991.08.03-08
(大久保/グローブ座)

当時はシェイクスピア劇専門だった格調高きグローブ座に乗り込んでの公演は満員御礼、同劇場におけるお笑い系公演が増えていくきっかけとなる。

第14回公演
『ワハハの極楽てんやわんやカーニヴァル』

1990.09.28-30 (浅草花やしき)

ワハハ風アレンジを施したアトラクションと劇団員のネタが絡み合う異空間が実現。協力した浅草花やしきの度量の深さに乾杯。

第13回
『ワハハの脱線スチャラカ珍道中』

1989.09.09-10 (志賀ハイランドホテル)

7台のバスの中では、劇団員が6時間に及びガイド役を務めた。到着後は大広間にとどまらず宿全体を舞台に繰り広げられたバスツアー。

モザイクを必要としそうなものすごい衣装。/『ワハハの極楽てんやわんやカーニヴァル』

シェイクスピア劇専門ドサ回り一座「青空シェイクスピア座」に扮して。/『シェイクスピアだよ! 全員集合!!』

間寛平氏をゲストに迎え、大広間で上演された全員出演の「時代劇スペシャル」の一幕。/『ワハハの脱線スチャラカ珍道中』

YEAR 2000

YEAR 1998

YEAR 1994

第17回 全体公演

1996.10.14-25（新宿／シアタープル）

開場時に観客に羽根と天使の輪っかをつけ、「天使隊」として舞台に上がってもらった結果、客席ががら空きのオープニングとなる。

第16回
10周年記念特別全体公演
『ずっこけ』

1994.09.14-20（新宿／シアターアプル）

かつては大きく感じたシアターアプルにいわば凱旋後、名古屋、仙台、大阪でも地方公演を上演。一気にスケールアップする。

第19回
全体公演『大ザンス』

2000.06.15-25（新宿／シアターアプル）

「芸術」をテーマにあいかわらずのデタラメな舞台を全国11都市ツアー。無謀にもパンフレットの撮影を写真家・平間至氏に依頼。

第18回 全体公演『大通夜』

1998.06.18-26（新宿／シアターアプル）

東京を皮切りに全国10都市を巡回。史上最大の動員を記録し、各地の大ホールでロック・ミュージシャンのような大歓声を浴びる。

MACHAMI'S STAGE PHOTO

フランスを代表する画家のひとり、ダリを演じる久本。頭にはフランスパン。／『大ザンス』

劇中の設定は、維新志士たちによるカラオケ大会。久本扮するは坂本龍馬。／『大通夜』

全身タイツをここまで駆使している劇団もほかにないかもしれない。／『大通夜』

YEAR 2002

YEAR 2001

第22回
全体公演『大福祭』

2002.10.10-23（新宿／シアターアプル）

全国12都市ツアー。全員でのパンフレット撮影、稽古場の管理、本番での袖での早替え、打ち上げでの酒量など、いろいろカオスに。

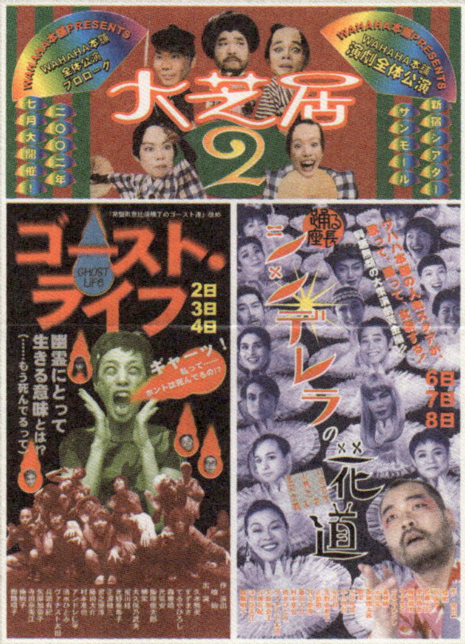

第21回
芝居全体公演『大芝居2』

2002.07.02-08（新宿／シアターサンモール）

設立メンバー、旧オホホ商会メンバー、ボカスカジャン、バー&ナー、3ガガヘッズ、セクシー寄席…出演者総勢約30名の大所帯化。

第20回
全体公演『大芝居』

2001.02.07-14（新宿／シアターサンモール）

若手公演での「神風お笑い特攻隊」、「エドウッドな人々」、「だいこんの花道」を再演するスタイルで、芝居もできるところをアピール。

胸元には当時司会を務めていた『あいのり』（フジテレビ）のロゴ。本人がラブワゴンに乗るべきだったかも。／『大福祭』

「ゴーストライフ」でのゾンビ姿。血色は悪いが元気に熱演。／『大芝居2』

「エドウッドな人々」ではコギャル風メイクを披露。／『大芝居』

スピンオフ全体公演
『大音楽祭』

2005.12.12-13（新宿コマ劇場）

名古屋で上演した、音楽ネタだけを集大成した公演をパワーアップして東京・新宿コマ劇場で再演。トリは梅垣のシャンソンショー。

スピンオフ全体公演
『大芝居3』

2005.06.04-05（福岡／嘉穂劇場）

前年に踊り続けて疲れたのか、踊る方の全体公演はお休み。「だいこんの花道」「ゴーストライフ」を福岡・嘉穂劇場で再演。

第23回全体公演
『踊るショービジネス』

2004.06.10-20（池袋／東京芸術劇場）

9月まで全国18都市を巡るツアーを決行。20周年イヤーにふさわしく、新作を交えつつ、過去のダンス&音楽ネタを集大成。

MACHAMI'S STAGE PHOTO

名曲「Only You」が流れる中舞い踊る久本の衣装は、ダッチワイフをイメージしたもの。／『踊るショービジネス』

「ナス久本」も登場する「農村ミュージカル」など往年の傑作が目白押しだった。／『踊るショービジネス』

YEAR 2009

第26回公演『無駄な力』

2009.12.24-25（新宿／東京厚生年金会館）

80歳の大型新人、正司歌江師匠がこの公演でワハハに加入、新人ながら「女囚漫才」にも登場する奮闘ぶりを見せつける。

YEAR 2008

第25回全体公演『踊るショービジネスFINAL・満月ダンス御殿の花嫁』

2008.05.27-06.01（新宿／東京厚生年金会館）

「踊る」シリーズファイナルツアー。警察の皆さまに見守られながらの上演となる。8月まで全国15都市を巡回。

YEAR 2006

第24回全体公演『踊るショービジネス2・ダンス王』

2006.10.03-08（新宿／東京厚生年金会館）

オープニングで客席をゴロゴロ転がる一本ぐそに巻き込まれ、負傷する劇団員も現れる始末。12月の焼津まで全国15都市をツアー。

ABBAの名曲に乗せてドラァグクイーン姿で登場。／『無駄な力』

和と洋の踊りをミックスするのもワハハ流。／『踊るショービジネスFINAL・満月ダンス御殿の花嫁』

可憐（?）な花嫁姿を披露し、エンディングでは警察の方々ともハイタッチ。／『踊るショービジネスFINAL・満月ダンス御殿の花嫁』

YEAR 2012 ／ YEAR 2011 ／ YEAR 2010

第29回全体公演
『ミラクル』

2012.04.14（新宿／日本青年館）

公演に登場しない和田アキ子さんをビジュアルに起用。出演者よりも出演しない人がどデカくポスターやチラシに登場する。

第28回全体公演
『ワハハの力』

2011.04.16-23（赤坂ACTシアター）

東日本大震災で3月11日当日の稽古は中止になるも無事初日を迎える。久々に笑った、というお客さまの声に勇気づけられる。

第27回全体公演
『バカの力』

2010.05.26-06.02（池袋／東京芸術劇場）

観客の投票で一公演ごとに座長を選ぶ「ワハハ新座長総選挙」が行われ、エンディングダンスでセンターを務める夢を叶えた若手も。

MACHAMI'S STAGE PHOTO

スカート部分は、相模ゴム工業全面協力によるコンドーム製。／『ミラクル』

BGMは、レディ・ガガのヒット曲「テレフォン」。頭のかぶり物は受話器。／『ワハハの力』

年末の恒例番組で物議を醸した例の全裸風全身タイツ。着てますよ！／『バカの力』

YEAR 2017

YEAR 2016

YEAR 2013

第32回全体公演
『ラスト3～最終伝説～』

2017.05.24-28（有楽町／東京国際フォーラム）

「ラスト」3部作最終作にして、今度という今度は最後の全体公演では、久本の結婚式が厳粛に執り行われた。たぶん、最後、かな…。

第30回全体公演『ラスト』

2013.04.06-14（赤坂ACTシアター）

主宰であり演出家の喰始も65歳を超え、この先のワハハ本舗の未来も考えた上で全体公演はこれで"ラスト"と銘打って全国を巡回。

第31回全体公演
『ラスト2～NEW HOPE 新たなる希望～』

2016.05.08-15（有楽町／東京国際フォーラム）

ファンの熱い声援&喰始の鶴の一声で、3部作のシリーズ化を決定。オール新作で、新たな笑いと舞台に挑んだ。

江頭2:50氏に全力でオマージュを捧げる名コンビ。／『ラスト2』

舞台ではウェディングドレスを着すぎるぐらい着ているのに…。／『ラスト3』

いつか結婚する際には「おかめひょっとこ」もお色直しに入れたいそうだ。／『ラスト』

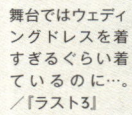

ワハハ本舗劇団員が語るヒミツのマチャミ

いわばファミリーとも言うべき、ワハハ本舗の後輩の皆さんが、マチャミさんの知られざる一面をリーク！

Photograph by RYOSUKE NAKAGAWA [UBER]

誠に申し訳ない!!

「大久保さん来ないけど始めちゃおう」とゆる～く座談会がスタート。大久保さんは到着するや、土下座！

WAHAHA HOMPO

マチャミさんのアレコレを語り合っては大笑い。身振り手振りを交えてリアルに再現するところは、役者さんならでは。皆さんの「姉さん」という呼び方にはどこか愛情が感じられます。

冗談音楽バンド「ポカスカジャン」ではVo&AGを担当している省吾さん。釣りと料理とものまねが得意。

清水ひとみさんは、1995年にワハハ本舗事務所アルバイトを経て所属。近年は客演も多く、舞台、ドラマ等で活躍中。

パフォーマンスグループ「3ガガヘッズ」のリーダーでもあるトニー淳さん。マチャミさんの忠犬として忠実に忠誠を誓っている模様。

芝居して、飲んで、笑って…愛すべき「姉さん」との日々

トニー：座長（＝大久保）いなくても多分成立するんで、始めましょうか。…僕が劇団に入ったころ、久本さんは今よりもっと忙しかったんで、ほぼほぼ会ったこともなかったですね。一ヶ月に一回も全然会わないぐらいでした。

省吾：過密すぎて、全体公演も二年に一回とか。一緒に舞台に立つ機会もなかなかなかった。

トニー：舞台稽古や本番終わりに先輩が若手の面倒見るんですけど、久本さんとよく飲みに行ってたタマさんに誘われて僕もよく連れてってもらうようになったんです。

兵頭：今や何があってもいいように近くに住んでるもんね？

タマ：久本さんの家の近所に犬小屋があって…。

トニー：俺の家だよ！

タマ：コイツが入る前は俺が犬だった（笑）。

清水：新しいのを探してるけどいないんだよね。…空気読んで原稿書いてくださいね（笑）。

兵頭：文字にするとキツくなっちゃうからね。また呼び出されちゃうから。反省会に（笑）。

タマ：怒ると、泣くんです。相手のことを思うあまり、涙が出るタイプ。昔、全体公演の打ち上げで省吾に怒って泣いて。すげぇ滝泣きしてるわけ。

省吾：焼肉屋でね。みんなすげぇ旨そうに肉食ってるのに、俺は目の前の肉が焦げてくのを見てて。

タマ：で、最後にみんな並べられてキスされた。

省吾：「お前ら並べ！」チュッ、チュッ、チュッ、俺飛ばされて、チュッ、チュッ…。

〈大久保さん、遅れて登場〉

マチャミさんの面白ネタを暴露し続けては、時折ハッと我に返り、イイ話をし始める皆さん。笑いを取りに行く姿勢は、マチャミさん仕込み!?

「ポカスカジャン」リーダー、Vo&Dr担当の大久保ノブオさん。長年にわたり、赤城乳業の氷菓「ガリガリ君」CMソングを手がける。

「ポカスカジャン」Vo&Ag担当のタマ伸也さん。著書に『ワハハ本舗を創った男 喰始を語る』(ロフトブックス)。青森市観光大使。

1998年にワハハ本舗所属した兵頭有紀さん。近年はマチャミさんとともに松竹新喜劇の舞台等に多数出演。

一同:おはようございます(笑)。

大久保:ほんと、申し訳ございません…タクシーが…青梅街道動かないんだよ…(土下座)。何話してんの?久本さんとの思い出?そうね、俺らがワハハ入ってすぐ『アッシリア(家の洗濯女とワニ使い)』っていう柴田さんと姉さんのふたり芝居があって。でっかいワニ運んだ…。

タマ:舞台の上手から下手までピッチピチのでっかい作り物のワニね。

大久保:運ぶの不可能なやつだよね。俺らバンドマンやってて、ワハハ入ったばっかりでさ。上手も下手もわかんない、バミリ(=舞台上に貼られた立ち位置の目印)の意味もわかんなくて…。

タマ:そんなのに、俺とリーダー(=大久保)で上手と下手に分かれてワニ運ばなきゃなんないわけ。失敗ばっかりするから、舞台袖でふたり(久本さん&柴田さん)が鬼のように怒ってた。リーダー、アゴ伸ばして「もうワニ運びたくねぇ」って(笑)。

省吾:その舞台の中で野菜の皮をピーラーで剥くネタがあったんだけど、本番中、久本さんが自分の手を剥いちゃったのよ。ポケットに手を突っ込んで、何食わぬ顔して舞台袖に引っ込んで応急処置して舞台戻ったんだけど、その間、ずっと芝居し続けてた。セリフ一個も間違えずに。

一同:さすがだよねぇ。

省吾:役者魂っていうのか、舞台人の矜持っていうのか、そういうの感じましたよね…っていうの、書いといてください。

清水:私、それお客さんで観に行ってたけど、全然気づかなかった!

大久保:俺らは毎日ワニ運んで、毎日怒られて、心から血出てたけどね。そういえば、ポカスカジャンで、俺、バケツ背負って叩いてるんですけど、も

WAHAHA HOMPO

「勢いつけてカメラに迫ってもらえますか？」というフォトグラファーからの突然&謎のフリにも、うろたえることなく息の合った動きを見せる皆さん。

ともとは椅子にくくりつけたダンボール叩いてたんです。『アッシリア』のときに、大事な方から久本さんに祝花が届いて、久本さん、バケツすら捨てたくなかったみたいで、「大久保、お前これ何かに使えるかも」って渡されて。そのバケツに紐をつけて下げて叩いたのがきっかけ。

省吾：俺らのスタイルの原点ってことだね。

兵頭：へぇ、すごいなぁ。そういう微妙なラインのいただきものするよね。服とか帽子とかもいただくんですけど、姉さんはとってもスリムなので、着たくても着られない……！ってこともあります。大切にコレクションしてます。

清水：勝負下着みたいのもあったよね。何かレースのね……。

大久保：それはあれだよ、スターの下着だから。下着を引き継ぎなさいっていう。

トニー：下着といえば、ツアーで、姉さんの部屋広いから、よく部屋飲みの会場にしてるんですね。

清水：で、姉さんが買ったばっかりの下着とかパジャマとかも出して着ちゃう（笑）。

タマ：初めてやるときは怒られるか、面白がるかわかんないからドキドキしながらとりあえずブラジャーして、パンツ履いて、キレイに並べてある高い化粧水とか、全部バスタブに入れて「トイレ借ります」とか言って、風呂ためて入る。

一同：ヒドイ（笑）。

タマ：それで、姉さんが「コラ！タマ、何やってんだ！」って怒るじゃないですか。それでみんなが笑うと、「もういいわ！」って最後は自分も笑って一緒に風呂入るっていう。だけど、ツインだし、ベッドひとつ使わないだろうと思って、ビショビショのままゴロゴロしてたらすげぇ怒られた。

大久保：お前絶対怒らせてんだろ（笑）。……ちゃん

WAHAHA HOMPO

といい具合に書いてくださいね。意外とあの、気にするんで。俺らバカ言ってばっかじゃん。

省吾：じゃ、あれ話そう。久本さんとポカスカジャンで、音楽ネタでツアー回ったことがあるんです。真ん中で歌うって結構できるようでできないんですけど、歌がどうこうっていうのを超えて、一個舞台をまとめる、っていうのはやっぱすごいなと思いましたね。

大久保：やっぱ、ガッツですよね。どんな舞台でも手を抜かない。全力でギリギリまで何かをやるっていう。

タマ：そのイベントで地方回らせてもらったときに、一回だけどうしてもお客さんが全然沸かなかったことがあるんですよ。打ち上げで四人で飲むんですけど、その舞台の内容についてひと言も触れてないのに、気づけば一升瓶五本空になってて。それぐらいステージに対する悔しさがあったんだと思いますね。そういうアツい姿勢がすごい。

大久保：でも、切り替え上手っていうか。舞台がうまくいかなかったりしても、飲んで騒ぐなり、ゆっくり飲むなりして、その日にちゃんとリセットしてる。そういうところも、すごいなと思いますね。

トニー：あと、ネタはとにかくよく考えますね。家が近いから、全体公演の稽古のときとか行き帰り一緒だったりするんですけど、向かうときも、帰りも、ずっとネタの話。

清水：東京公演終わって、ツアー回り始めてもネタを作り直してますね。公演中も考え続けてる。もっとウケるはず、もっと、もっと、って。

大久保：久本さんのネタの作り方が、細かいのをいっぱいつないでくっていうスタイルだから、変えられるものはどんどんチェンジしていくよね。

省吾：あれは久本さんの独特のスタイルだよね。

兵頭：客演してるお芝居でも、決まってる台本の余白にびっしり何か書いてて、毎回変えてく。リハーサルでも。それは何のためかっていうと、スタッフさんを喜ばせるため。飽きさせないため。お芝居の邪魔にならないように変える。毎日。

大久保：基本的に、真面目な人なんですよね。それにテレビでは突っ込んだりしてるから、厳しい人って勘違いされてるところあるみたいですね。かなりの天然だし、未だに酔っ払って記憶なくしてるのに。それでも歯磨いてベッド入って寝てるけど。

兵頭：ちゃんとお風呂も入ってるし。

省吾：そういうところ、女の子なんですよね。

トニー：洋服も好きですしね。

省吾：還暦迎える人なのにセンスがすごい。

トニー：還暦だからって、とくに変わることなく今までどおりの姉さんでいてほしいです。

省吾：本人も丸くなる気、サラサラないと思います。

大久保：今でも欲しがるじゃん。まだまだ前へ行くぞ、みたいな。

タマ：お笑いがなきゃダメだし、落ち着くわけない。ずっと変わらず下ネタやってるし。

省吾：あれもすごいよな。乳首ジャンケンの話。

大久保：ジャンケンして勝ったら負けた方の乳首つねるっていうのを、俺らよくやってるんです。

省吾：直でつねる。だから痛いんですよ。

大久保：博多で飲んでるときに冗談で、ふたりで乳首ジャンケンやってたら、一般のお客さんに俺らも混ぜろ、って絡まれて、黙っときゃいいのに、「やろうぜ」って言っちゃって。七人いたんですけど、全部久本さん勝っちゃった。

一同：持ってるわ～！

大久保：知らない男に乳首触らせなかったよ。さすがスターだよ（笑）。

みんなを笑いで包む姉さんは私の憧れの女優さんです！
お笑いと女らしさ、いつまでも振り子の理論で！
お祝いは赤い下着上下で♡
還暦おめでとうございます。肩が凝ったらいつでも呼んでください。アゴで叩きに行きます。
100まで叩ける強靭なコカンを維持してください！
老後の面倒は任せてください！
月給50万で！
これからもクリスマスとお互いの誕生日に一緒にいてください♡ 風呂上がり&どすっぴんの姉さんが大好き！

CHAPTER 4

MACHAMI'S FAVORITE

草間彌生
作品が
好き!

ご自宅で拝見!

YAYOI KUSAMA COLLECTION

草間彌生作品の大ファンで、作品や関連グッズも集めているというマチャミさん。
ご自宅でそのコレクションの数々を見せていただきました!

Styling by MIKI AIZAWA　Hair & Make-up by YURI SHIRAI　Photograph by SHINICHI SASAKI [SIGNO]

2
3
1

1：Tシャツやバッグといったアパレル雑貨からステーショナリーまで幅広く収集中。
2：リビングに飾られた草間彌生さんの代表作品、通称"黄かぼちゃ"。
3：六本木ヒルズの開業10周年を記念して作られたティーウェアや、ビールグラス。

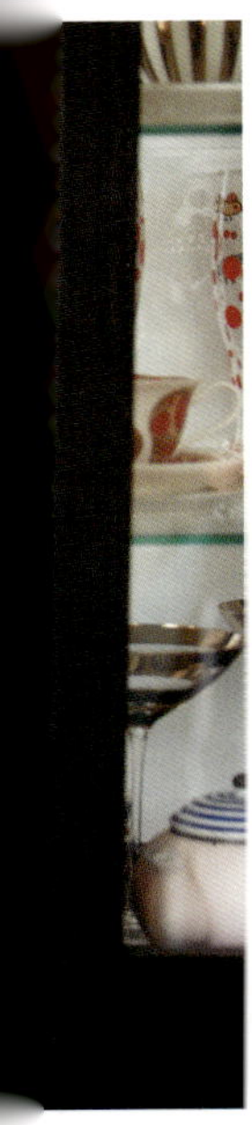

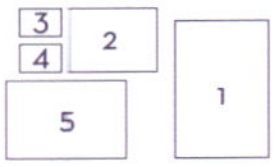

1：寝室の一角にも草間作品を中心に、クッションなどがディスプレイされています。ちなみにベッドはダブルベッドです。2：食器棚にはティーカップをモチーフにした一枚が飾られています。3：書斎の本棚には、草間さん関連書籍専用の棚が。小さな雑貨もぎっしり。4：玄関から続く廊下にさりげなく草間作品。5：玄関には"赤かぼちゃ"とともにスペインの有名デザイナー、ハイメ・アジョンによるリヤドロ社の「The Lover Ⅱ」をディスプレイ。

I LIKE MYSELF
不思議の国のアリス
HERS

LOVE FOREVER 2004

PUMPKIN
YAYOI KUSAMA

MACHAMI IN

YAYOI KUSAMA WORLD

京都、祇園。和の空間に草間彌生作品がずらりと並ぶ
フォーエバー現代美術館。
そんな異空間に迷い込んだマチャミさんの
スペシャルフォトシューティング。

Photograph by **MITSUYUKI NAKAJIMA [TO SEE]** Styling by **MIKI AIZAWA**
Hair & Make-up by **GEORGE MORIKAWA [gem]** Kitsuke by **RISA HIRATA [kitsuke hirari]**

[A PUMPKIN／2007年]

【衣装協力】
ふりふ（ふりふ渋谷マルイ店 ☎03-4521-0515）
KIIRO（0120-91-8275）

[黄樹／1992年]

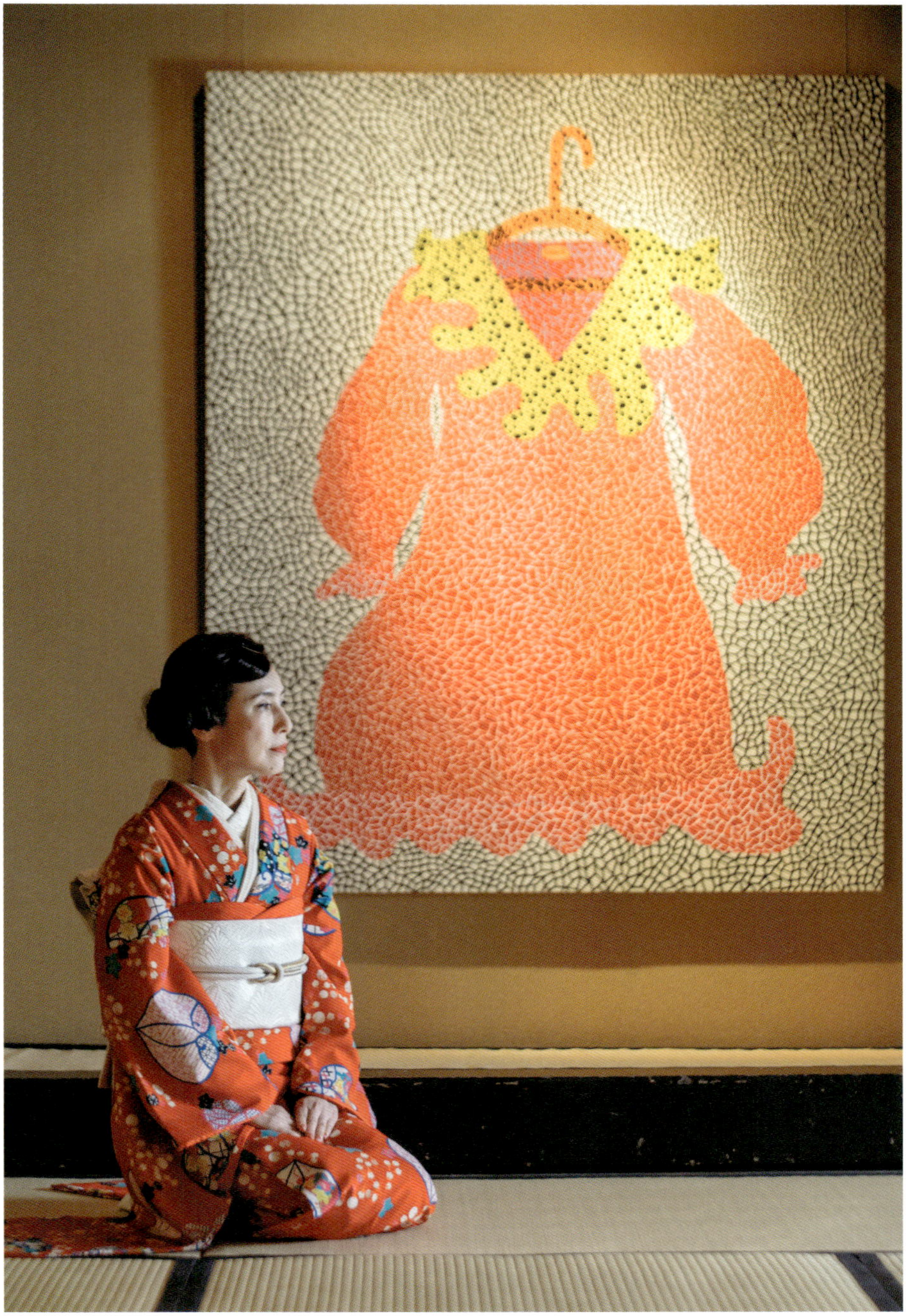

[赤いドレス／1980年]

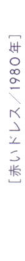

［私の魂を乗せてゆくボート／1989年］

INFORMATION_

フォーエバー現代美術館 祇園・京都

京都市東山区祇園町南側570-2
☎ 075-532-0270
Ⓛ10:00～18:00（入館～17:30、年末年始除く）
Ⓨ¥1,500（大人・一般）
www.fmoca.jp

オシャレが好き!

I LOVE FASHION

このお仕事をしていなければファッション関係の仕事をしていたかも!というほど
ファッションが大好きなマチャミさんの私物をご紹介!

Photograph by RYOSUKE NAKAGAWA [UBER]　Styling by MIKI AIZAWA

I LOVE FASHION ／ 01

BLACK&PEARL

マチャミさんがファッションによく取り入れているのが、ブラック&パールのアイテム。モード、エレガント、ポップなど、どんなテイストのファッションも、個性と大人らしい品のよさを両立できます。

I LOVE FASHION / 02

BAG

コーディネートのポイントとなるバッグを選ぶ上で大切なのはデザインが好きかどうか。
ハイブランドからキッチュなものまで、ブランドにこだわらず、エッジの効いたデザインのバッグが大好き。

I LOVE FASHION / 03

T-SHIRT

リッチなTシャツは、お出かけ着。舞台稽古には、動きやすく、着心地のいい数千円のプリントTシャツが便利。
年中着られるTシャツは、ついつい買い集めてしまうアイテム。

I LOVE FASHION / 04

ACCESSORY

インパクトが強いデザインのアクセサリーをプラスするだけで、シンプルなコーディネートもぐっと個性的に。
とくにブローチは、トップスや帽子など、いろいろなところにつけられて使い勝手バツグン！

衣装だって
オシャレ!

MACHAMI'S STYLING COLLECTION

TV番組などで、さまざまなテイストのおしゃれな衣装を着こなし、ときには問い合わせが入るほど。数年前から撮りためてきた衣装コレクションを一挙100コーデ以上ご紹介!

ストライプ大好き!

MACHAMI'S STYLING COLLECTION

赤×黒も好きな組み合わせ

モノトーンコーデは小物で遊んで！

個性的なTシャツは一枚でキマる！

ちょっぴりマニッシュも似合うでしょ？

ブラックコーデは
ベルトをアクセントに♪

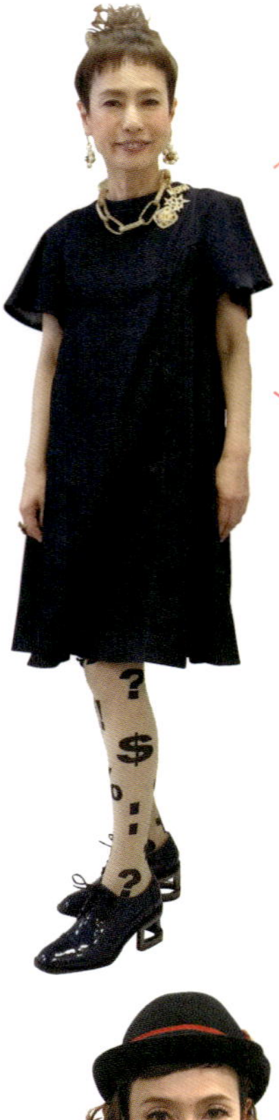

柄ストッキングは
主役級アイテム

ルーズなトップスは
ウエストマークして

MACHAMI'S STYLING COLLECTION

カラフルコーデはソックスで締めて!

グリーンもよくコーデに取り入れる色!

遊び心のあるデザインデニムも◎

マルチストライプのボトムは便利!

どんなコーデでも高さの出るシューズはマスト

着物でも
ヘアメイクは
個性的に！
ヘッドアクセは
モードに
見せられる！
柄の中の1色をポイント使いすると
コーデがまとまります
ヒョウ柄は
柄のバランスが
大事！

MACHAMI'S STYLING COLLECTION

ときにはロックなテイストも

ミニワンピはパンツとレイヤード

ハイウエストのボトムは脚長効果バツグン

大ぶりアクセは軽いものが◎

エレガントすぎない
ドレススタイル

パキッとしたブルーは
大好きな色！

オーバーオールなら
ホワイトコーデも
スッキリ

レッドは
テッパンカラーの
ひとつ

MACHAMI'S STYLING COLLECTION

鮮やかなイエローで血色UP♡

トップスをインして脚を長く見せて

ブローチひとつでコーデがまとまる！

半袖は重ね着すれば一年中着回せる！

あるときはレディライクに

インパクト大のオールインワンも◎

レトロガーリーなコーデにはカラータイツ

少年っぽくテンガロンハット！

ルーズ×ルーズもスカートならキュートに

シンプルボトムには思い切ったトップスを

ちょっと盛りすぎ？ぐらいがベストバランス

ボーダーも大好き！

衿が可愛いワンピース♡

美味しいものが好き!

MACHAMI'S

GOURMET SELECTION

久本雅美さんが通っているという、お気に入りのお店11店舗をご紹介!

Photograph by kisimari(Portrait), CHIHARU FUKUTOMI(Coverage)　Coverage & Text by SATOMI ISHIDA

金目鯛のしゃぶしゃぶ(一人前3,500円)
※写真は二人前

2 3 1

1. 船宿を思わせるどこか懐かしいような外観。のれんをくぐると魚が泳ぐ大きな生け簀がお出迎え。**2.** 店内の階段を上がると伊豆諸島の名前がついた個室がずらりと並んでいる。連日予約で埋まってしまうそう。**3.** 1階にあるのは明るいカウンターとお座敷が一部屋。カウンター前の棚には店主おすすめの焼酎が陳列されている。

船宿割烹 汐風 -しおかぜ-

鮮度抜群の旬の魚介を楽しめる、船宿割烹「汐風」。番組で店主と知り合って以来通っているという久本さんのお気に入りは、金目鯛のしゃぶしゃぶ。来店した際のメニューは「おまかせで!」と言うそうだが、しゃぶしゃぶだけは毎回注文するほど大好きな一品。

MACHAMI'S POINT

金目のしゃぶしゃぶは、最強のおもてなし。親父もいい味出してる。

船宿割烹 汐風　上目黒店

ADDRESS	東京都目黒区上目黒4-36-22
TEL	03-3712-4935
HOURS	ランチ:11:30〜14:00 ディナー:17:00〜23:30 (L.O.22:30)
HOLIDAY	日曜、祝日

鯛の昆布締めおろしポン酢のせ
自家製粉の石臼挽き十割蕎麦

かのふ

自家製粉の石臼挽き十割の手打ち蕎麦や、旬の食材を使った本格的な和食を楽しめる「かのふ」。メニューはいつも店主にお任せしているという久本さんだが、その中でも大好物であるお蕎麦とスイーツは定番になっているのだそう。

青家

ADDRESS | 東京都渋谷区恵比寿南1-14-2 タイムゾーンビル4F
TEL | 03-3714-5670 ※予約受付は15:00～
HOURS | 月～金曜／18:00～23:00(L.O.22:30)
※最終入店22:00
土曜／17:00～23:00(フードL.O.22:00、
ドリンクL.O.22:30)※最終入店21:00
HOLIDAY | 日曜･祝日

MACHAMI'S POINT

蕎麦はもちろん、創作料理も毎回何が出るのか楽しみ。満足度100%。

久本さんに美味しいものを少しずつ食べてほしいという店主の思いが詰まったスイーツ。甘いものはあまり食べないという久本さんはこのセットが大好物だそう。

左から時計回りに_グレープフルーツ丸ごとゼリー、和三盆キャラメルソースプリン、チーズスフレ、ほうじ茶アイス。

左_鶏の唐揚げねぎソース（1,500円）
右_きゅうりとみょうがの梅和え（750円）

オクラと砂肝のわさび醤油あえ
（780円）

ことこと

心をほぐしてくれるような家庭料理が食べられる「ことこと」の、オクラと砂肝のわさび醤油あえが久本さんの大好物。店主こだわりの食材を使ったお料理は胃袋だけでなく心も満たしてくれる絶品メニューばかり。

ことこと

ADDRESS	東京都目黒区上目黒1-7-5 1F
TEL	03-3464-3532
HOURS	18:00〜23:30（L.O.22:30）
HOLIDAY	日曜、祝日、第1・第3月曜

知らなければ通り過ぎてしまうような裏路地のマンションの1階にある、大人の隠れ家的なお店。ソファー席の上が天窓になっているのも印象的。

大きなテーブルの後ろに見えるのは、店主が調理をするキッチンカウンター。まるで友人宅に招かれたような居心地のいい空間が広がる。

MACHAMI'S POINT

家庭的だけど、プロの味。あれもこれも食べちゃう◎。ほっと癒される。

トラットリア・イル・フォルネッロ

イタリアの街並みを思わせるレンガ造りの外観が目印。中野のイタリアンならここ！と言っても過言ではないイタリア政府公認のレストラン。バラエティに富んだイタリアワインとともにローマ伝統料理を楽しむことができる名店。

トラットリア・イル・フォルネッロ

ADDRESS	東京都中野区中野4-7-2 SHビル1F
TEL	03-3387-5210
HOURS	ランチ:火～金曜／11:30～14:30（L.O.14:00） 土曜、日曜、祝日／11:30～15:00（L.O.14:00） ディナー:17:30～23:30（L.O.22:00）
HOLIDAY	月曜不定休

お昼はお得なランチメニュー、ディナータイムはメニューの中から前菜、パスタ、メインが選べるプリフィックスコースが楽しめる。飲むたびに料理が欲しくなるイタリアワインは、イタリア全20州から厳選された逸品。

MACHAMI'S POINT

ワインが豊富。おいしい料理と相性バッチリ！ イタリア気分でBuono！

パスタの中でも人気が高く、ローマ出身のイタリア人オーナーシェフが最も得意とする、手長エビのトマトクリームソースのパッパルデッレ（1,850円）。

BISTRO TRUNK

ビストロトランク

新鮮な野菜や肉、魚など産直食材を活かした料理とワインを楽しめるビストロ。どのお料理も大好きという久本さんが必ず注文するのは、蝦夷鹿肉のロティ。臭みがなく柔らかな食感、そして赤ワインソースの酸味が絶妙！

BISTRO TRUNK

ADDRESS	東京都中野区中野3-36-4
TEL	050-3188-5257（予約専用）
HOURS	月～土曜／17:00～24:00 日曜・祝日／17:00～23:00
HOLIDAY	不定休

北海道白糠町 蝦夷鹿肉のロティ 赤ワインソース（2,580円）

MACHAMI'S POINT

裏切らない旨さ。とにかく鹿肉は絶品！ ワインのセンスもバツグン。

1階はカウンター、2階はテーブル席になっている古民家風の店内。これもまた必ずオーダーするという林檎バター（600円）はワインにベストマッチ！

麦とろ紅鮭定食(1,700円)
※ランチタイム1,500円

店主おすすめの厚焼き玉子(500円)も人気メニューのひとつ。夜は全国各地から集めた日本酒や焼酎、和を感じる煮物などが楽しめる。

2012年にリニューアルをしたという店舗。お店の一角では、季節ごとに全国から選んだ美味しいお米、味噌やお茶など店主おすすめの逸品を販売。

MACHAMI'S POINT

旨い。日本人でよかったぁ〜。並んでも食べたくなるお店。

大黒屋 -だいこくや-

季節によって使用するお米や炊き方を変えるという、米屋ならではのこだわりが詰まった美味しい麦とろ。自家製の小鉢を楽しめる定食は、ボリュームがありながらも500キロカロリーというから驚き。単品料理の種類も豊富。

大黒屋商店有限会社

ADDRESS	東京都目黒区碑文谷5-7-2 グレイビル碑文谷1F
TEL	03-3712-8226
HOURS	ランチ:11:30〜14:30(L.O.14:00) ディナー:17:30〜22:00(L.O.21:30)
HOLIDAY	水曜

和香 -わか-

昼は讃岐うどん専門店、夜は築地から仕入れた新鮮な魚を楽しめる居酒屋として営業している。本場の讃岐うどんの味にこだわった、透き通るようなお出汁と新鮮なお寿司がセットになった上品なお通しが久本さんのお気に入り。

和香

ADDRESS	東京都中野区新井1-8-7
TEL	03-6312-6232
HOURS	ランチ:11:30～14:00(金～日曜のみ) ディナー:17:30～23:30(L.O.23:00)
HOLIDAY	水曜

MACHAMI'S POINT

日本酒に合うお料理と
お通しが大好き！

上_日本酒に合うのでよく頼むという、ウニとホタテと中落ちバクダン(900円)。濃厚なウニを贅沢に使った一品。
下_テーブル席19席、カウンター5席の店内。夜は美味しい肴とお酒を楽しみ、シメにうどんを食べるのがおすすめ。

お通しは店主こだわりのお出汁と新鮮なお寿司

青家辛鍋セット(1,400円)
ラーメントッピング(150円)

青家 -あおや-

京都から取り寄せている季節の野菜や生麩、湯葉等の食材を使用したおばんざいが人気の「青家」。10年は通っているという久本さんのお気に入りメニューは、京風だしと自家製の辛味噌で仕上げた辛鍋。お肌に嬉しいコラーゲンたっぷり。

青家

ADDRESS	東京都目黒区青葉台1-15-10
TEL	03-3464-1615
HOURS	ランチ:火〜金曜／ 11:30〜16:00(L.O.15:00) 土曜、日曜、祝日／ 11:30〜17:00(L.O.16:00) ディナー:18:00〜22:00(L.O.21:00) ※ランチタイムの予約は不可
HOLIDAY	月曜

京野菜と五穀生麩のたぬき

四季それぞれの旬の素材を使用したおばんざいや甘味を、趣のある日本家屋でゆったりと楽しむことができる大人の贅沢空間。

MACHAMI'S POINT

ヘルシー！美味しい！おしゃれ！身も心も満たされまくり！

悠 -ゆう-

中野の喧騒を離れ、路地裏にひっそりと佇む小料理屋「悠」にふらっと立ち寄ってから、店主の作る定食の虜になってしまったという久本さん。昼は毎朝築地で仕入れた魚がメインの日替わりランチと、店主自慢の牛丼が楽しめる。

悠

ADDRESS	東京都中野区中野3-39-6 横川ビル1F
TEL	03-3383-0125
HOURS	ランチ:11:30〜14:00 ディナー:18:00〜24:00 ※第2木曜は夜のみ営業
HOLIDAY	日曜・祝日

築地から毎朝仕入れているという
西京焼きがメインの定食(690円〜)

MACHAMI'S POINT

どれもこれも美味しい定食だけど、結果、西京焼き食べちゃう。大好き！

店内はカウンター席のみだが、店主が作るお袋の味を求めてランチタイムは連日満席に。牛丼はテイクアウトも可能で、久本さんもお店で食べられないときは牛丼をテイクアウトするのだそう。

大好物だという芽ネギのお寿司と
店主おまかせの握り。

すし屋の久 -すしやのきゅう-

中野通り沿いのマンションの1階に店を構え、知る人ぞ知る名店「すし屋の久」。新鮮で上質なお寿司はもちろん、気さくな店主の人柄に惹かれる常連客も多く、久本さんが長年通っているのも納得。

すし屋の久

ADDRESS 東京都中野区南台3-6-25 1F
TEL 03-3381-6862
HOURS ランチ:11:30〜13:30
ディナー:17:00〜22:30
HOLIDAY 月曜

MACHAMI'S POINT

行きたくてたまらなくなる店。安くて旨い！
通い続けて早30年！

清潔感のあるカウンターの前のケースには新鮮なネタが並び、店主が次々と寿司を握ってくれる。久本さんは毎回店主のおまかせでオーダーするそうだが、数ある握りの中でも最も好きなのが「芽ネギ」。ウニとトロ、マグロの糸がきをのせた芽ネギのお寿司の、さっぱりとした風味が大好きだという。

なかの中華！ Sai

自慢の点心をより多くの人に食べてもらいたいと、「いろんな料理を少しずつ」がコンセプトの本格派中華料理店。久本さんのお気に入りは、コクのあるスープが絶品の担々麺に海老の春巻をセットで。

なかの中華！ Sai

ADDRESS | 東京都中野区野方1-6-1
TEL | 03-6454-0925
HOURS | ランチ:火～金曜／11:30～14:00、
土曜日／12:00～14:00
ディナー:18:00～22:00(L.O.21:30)
HOLIDAY | 日曜、月曜

担々麺(800円)

白を基調とした清潔感のある店内は、洗練されつつも落ち着いた空間。カウンター席、テーブル席に加え個室も完備している。

MACHAMI'S POINT

上品な旨さ。中華といえばここ。担々麺と海老の春巻き、ぜひ食べてみて！

店主が特に力を入れているという前菜と点心は絶品。お店で提供している海鮮は、長崎県五島列島から直送しているのだとか。
右_点心盛合せ(650円) 左_海鮮炒め(取材時2,000円、時価)

5 CHAPTER

60 QUESTIONS
TO MACHAMI

Q.01

若さの秘訣は？

家にじっとしていない！

Q.02

コメディエンヌとして一番楽しいときは？逆に辛いときは？

観てくださる方に笑っていただくことが最高の幸せであり、元気の源。笑わせているようで、笑顔にしていただいてる。辛いのはもちろんスベったとき。

Q.03

最近の悩みは？

人の顔が覚えられない…

Q.04

使っている歯ブラシのメーカーは？

パナソニックの電動歯ブラシ

Q.05

舞台やテレビ、さまざまなお仕事をしていますが、意識の違いはある？

場所は変われど、自分がやらなきゃいけないこと、やるべきことがある。使命を果たさなきゃいけない。だから、絶対全力投球。これは絶対！

Q.06

今イチオシのイケメンは？

体調によって変わる！

Q.07

行ってみたい場所は？

イタリアのフィレンツェ。のどかな景色に癒されながら、美味しいイタリアンを食べたい。

Q.08

ここで、一発ギャグをお願いします。

よるちくび～！

Q.09

60年の人生最高の思い出は？

最高がありすぎて選べない。テレビ番組の企画で福山雅治さんと飛び出す絵本を作ったこと。マイケル・ジャクソンからほっぺにチューされたこと。大阪から上京してくる日に弟がレンタカーで送ってくれて、5,000円札が同封されてた妹の手紙を読みながら号泣してたときにカーラジオから流れてた松山千春さんの「大空と大地の中で」を生で歌ってもらえたこと…。憧れてた人たちと一緒に仕事できたり、飲みに行ったりできて、幸せ。

Q.10

無人島に行くときに3つだけ持って行けるとしたら？

体力のある後輩、頭のいい後輩、笑わせてくれる後輩。

Q.11

今一番欲しいのは？

声の音域。

Q.12

死ぬ前に最後に食べたいものは？

私の大好きな「四国屋」の五目うどんか、お世話になった西東京市「でんえん」の薄焼き卵の上に載ってる焼きそば。

手打うどん 四国屋

ADDRESS 東京都中野区中央4-1-23
TEL 03-3382-4598
HOURS 11:30～L.O.22:00
HOLIDAY 日曜、祝日

でんえん

ADDRESS 東京都西東京市南町5-6-18 イングビルB1F
TEL 042-465-5709
HOURS 12:00～17:00、19:00～1:30
HOLIDAY 不定休

Q.13

座右の銘は？

実るほど頭を垂れる稲穂かな

Q.14

これからトライしてみたいことは？

体力作り！

Q.15

一番泣いたのは？

産道からこの世に登場したとき

Q.16

前に立ってる男性のズボンのチャックが開いてたら？

チラ見する。

Q.17

お風呂で一番先に洗うのは？

シャワーで首すじ。

Q.18

愛称「マチャミ」の名付け親は？

自分。デビューしたころ、自分で「マチャミ、元気～？」って聞いて、自分で「ハーイ！」と答える挨拶をしてたのがきっかけ。

Q.19

一番好きな歌は？

アメリカのパーシー・スレッジの「男が女を愛する時」。内容は全然わからないけど（笑）、曲の感じが好き。

Q.20

スリムな体型維持の秘訣は？

お医者さんにそもそも太る細胞がないって言われた（笑）。脂ものが苦手だし、すぐお腹一杯になるから、ちょこちょこ食べするからかな？

Q.21

ソウルフードは？ 「大和鳥」の焼き鳥と「甚六」のお好み焼き

大和鳥

ワハハ本舗立ち上げ前からお世話になっているのが高円寺にある焼き鳥屋、「大和鳥」。夢を語り合いながらみんなで飲んだくれてた日々が懐かしいなぁ。殻ごと焼いたうずらの卵が名物なんやけど、マスターに作り方を聞いても、絶対教えてくれへん（笑）。上地も売れる前に連れて行ったけど、マスターは「お前は絶対に売れる！」って断言してた。あたしは内心「ほんまかいな!?」って思ってたけど、ほんまに売れた！そんなマスターも名物!

FROM MASTER

いつも今が初心
大和鳥

ADDRESS　東京都中野区大和町2-44-8
TEL　03-3337-0990
HOURS　19:00ごろ～2:00ごろ
HOLIDAY　不定休

甚六

ADDRESS　東京都港区白金6-23-2
TEL　03-3441-1436
HOURS　18:00～3:00（L.O.1:30。日曜・祝日は～0:00、L.O.23:00）
HOLIDAY　月曜（月曜が祝日の場合は営業 翌火曜休み）

22歳で上京して貧乏な下宿生活をしてるところに、後から上京してきて転がり込んできた應田壽一っていう男がおってん。そいつのお好み焼きがほんまに旨くて、みんなで褒めてたら調子に乗って店まで出したんやけど、今やハワイに支店を出すほど繁盛してる。牛スジとキムチ、ポテトが入った「スジキムチ玉」っていうお好み焼きに焼きそばを乗せて、モダン焼きにしたんをいつも頼んでる！

FROM MASTER

ひさぁの本なんて売れるんか？あほ～（笑）。

Q.22

一番キツかった仕事は？

フナのかぶり物して釣り堀に沈んどいて、一般の方が釣りに来たら飛び出して驚かせるっていう企画。あたしひとりで沈んでいられないから、スタッフが一緒にもぐって掴んでてくれたんだけど、その人の方が息が続かなくて先に飛び出しちゃったもんだから、あたしが上がったときにはもう釣り人が驚いてた。

Q.23

タイムスリップするなら？

江戸時代で
いろんな芸能に
触れてみたい！

Q.24

人付き合いで大切にしていることは？

誠実であること。

Q.25

目覚めたら男性になってた！まず何をする？

崖の上から
海に向かって
立ちション。

Q.26

会ってみたい歴史上の人物は？

坂本龍馬。

Q.27

この人長く売れるだろうな…と思う人の共通点は？

仕事と人に対する姿勢。真面目で誠実だと、健気で、人としての可愛らしさにつながるでしょ？人を馬鹿にするのは絶対ダメ。

Q.28

一番の宝物は？

友情。

Q.29

コーディネートを組むときに最初にするのは？

一日のスケジュールを
確認すること（笑）。

Q.30

もし今のお仕事をしてなかったら何をしてたと思う？

好きな洋服、アクセサリー、カバン、靴を集めて、
セレクトショップをやってたと思う。

Q.31

シンデレラが履くはずの靴がぴったり！どうする？

ガッツポーズで王子に会う。

Q.32

癖は？

ふとした瞬間にオリジナルの鼻唄を歌ってるらしい。どうも気分を切り替えたいときにやってるみたい。

Q.33

人前で緊張しないコツは？

ないものは出ない！って肚を決めて気合い入れる！

Q.34

仕事とプライベートは分けるタイプ？

分ける。自然に分けられる。

Q.35

あなたが落としたのは金の斧ですか？銀の斧ですか？

落とした斧です。嘘つけないもん…。

Q.36

目覚めたらホクロがない！どうする？

えー、どうしよう！アンジェリーナ・ジョリーに間違われちゃう

（クレームは受け付けません）

Q.37

自分の体の中で好きなパーツは？

ふくらはぎ。

Q.38

ストレス解消法は？

録画してたまってる、お気に入りのドラマを観る！

Q.39

自分を変えた言葉は？

「桜梅桃李」。桜、梅、桃、李、それぞれがそれぞれの輝きがあって自分らしく花を咲かせる、って意味。自分と誰かを比べてクヨクヨするんじゃなくて、昨日の自分と今日の自分を比べて、自分を磨き、自分らしく花を咲かせればいい。この言葉を知ったときは、目から鱗が落ちました。

Q.40

お仕事を選ぶ上でのポイントは？

人生に意味のないことはないと思ってるから、流れに乗っていく。

Q.41

「笑い」とは?

人生になくてはならないもの。

Q.42

表現者として最も大切なことは?

自己満足じゃなく、何のためにやるのか、っていうことを忘れないのがプロだと思う。

Q.43

長く現役で活躍する上で一番大切なのは?

健康。足腰の丈夫さ。

Q.44

苦手な人への対処法は?

避けない。逆に懐に入ってく。

Q.45

白馬の王子様に求婚された!どうする?

即OK!

Q.46

好きな男性のタイプは?

昔は刺激を求めてた。今は、穏やかで誠実で安心できて、あたしのことを自由にしておいてくれる包容力のある人。

Q.47

整形は?

笑いを取る為に歯茎にシリコン入れました。嘘。

Q.48

「転換期」は何歳ごろ?

22歳。

Q.49

自分の後輩女芸人でコイツには勝てないと思っている人はいる?

みんなそれぞれの良さはあるけど、とくに意識したことはない。先輩だけど高田純次はすごい。パンツ一丁で水たまりで泳いでたのが、純ちゃんが56歳のとき。あたしも60歳になっても水たまり泳げる自分でありたい。

Q.50

「原点」は?

小学校の高学年のころには、コント書いて、小学校のレクリエーション大会で発表してた。もちろん先生もいる前で(笑)。

Q.51

日々の中で幸せを感じるのは？

いい仕事したとき。

Q.52

舞台で「やらかした」面白いエピソードは？

階段のセットがあるネタで、衣装の袴の片方のスペースに両足突っ込むなよ！ってみんなに声かけてたあたしがやらかしちゃった。坂本龍馬に扮してたんだけど、「日本を変えるぜよ！」とか言いながら、ぴょんぴょん階段降りてったら、柴田が死ぬほど笑ってた。

Q.53

結婚の条件は？

首が据ってりゃそれでいい。

Q.54

ずっと大切にしているものは？

ビートたけしさんが毎回くださるご祝儀。袋ごと大切にしてます。

Q.55

生まれ変わったら何になりたい？

コメディエンヌ

Q.56

ファンの皆様へひとこと。

いつもありがとう！一杯やる？

Q.57

オリンピックに出るなら？

卓球。

Q.58

舞台女優になりたいと思ったきっかけは？

友だちのタチノさんに誘われて東京に遊びに来て、「劇団東京ヴォードヴィルショー」の舞台を観たこと。

Q.59

一番の大恋愛を教えてください。

どんなに頭の中で人生ページをめくっても、目次に戻る。

Q.60

引退を考えたことは？

ない。ちょっと休みたいと思ったことはあるけど、休むのが嫌い（笑）。たち悪いよね（笑）。刺激を与えられないと死んじゃう！趣味もないし、結局仕事が好きなんだと思う。

Photograph by **MITSUYUKI NAKAJIMA [TO SEE]** Styling by **MIKI AIZAWA**
Hair & Make-up by **GEORGE MORIKAWA [gem]** Costume designed by **CHINATSU WAKATSUKI**
Cooperation by **FMOCA [フォーエバー現代美術館 祇園・京都]** ／京都市東山区祇園町南側570-2／☎075-532-0270／
ⓛ10:00~18:00(入館~17:30、年末年始除く)㊤¥1,500(大人・一般)／www.fmoca.jp

MASAMI HISAMOTO

久本雅美(ひさもと・まさみ)

1958年7月9日生まれ。大阪府出身。劇団ヴォードヴィルショーを経て、佐藤正宏、村松利史、柴田理恵、渡辺信子、放送作家・喰始とともに1984年6月WAHAHA本舗設立。WAHAHA本舗をはじめとする舞台で活躍するかたわら、数多くのバラエティ番組に出演。現在は、メレンゲの気持ち(日本テレビ、1996年〜)、秘密のケンミンSHOW(日本テレビ、2007年〜)において司会を務めるほか、レギュラー番組に「ぴったんこカン★カン」(TBSテレビ、2003年〜)、金曜レギュラーに「ヒルナンデス!」(日本テレビ、2011年〜)がある。

Thank you Readers

Photograph by **kisimari[W]** Styling by **MIKI AIZAWA**
Hair & Make-up by **GEORGE MORIKAWA [gem]**

最後まで お読みくださって、本当に 有難とうございます。

いかがでしたでしょうか？

60歳、自分でも びっくりする程、あっという間でした！

これからも、益々 暴れますので

皆さん！ 今後とも、よろちくび〜〜〜

さとみ ♡♡

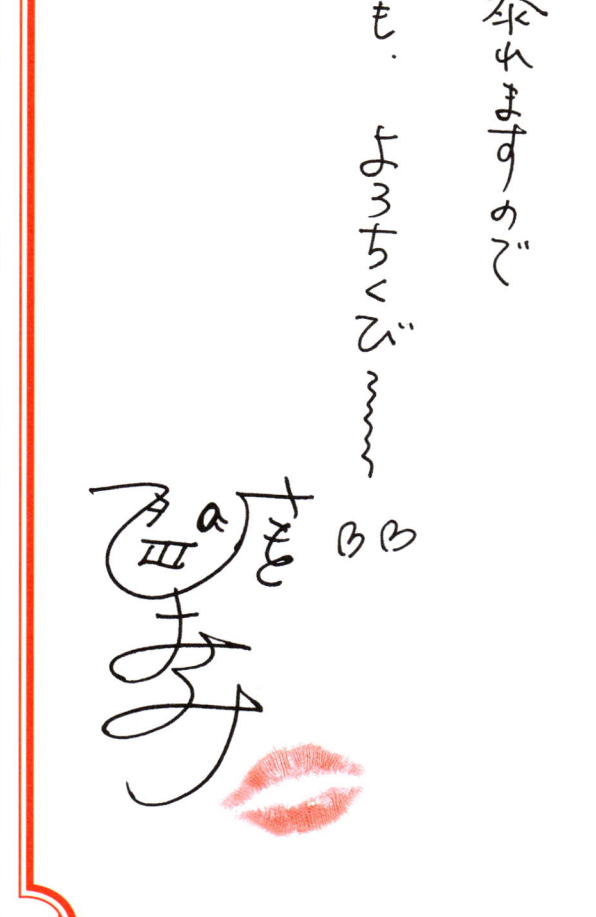

STAFF

Cover Art Direction & Design **COPA [CONCENT LAN]**
Cover Prop Art **KUNIYUKI SASAKI**

Special Thanks ふりふ KIIRO

Design **KENTARO INOUE [CIRCLEGRAPH]**

Production Cooperation **JUN HIRAMA ,**
YOSUKE SATO[WAHAHA本舗]

Planning **MIKI AIZAWA**
Edit & Direction **ASAKO FUNATSU**

※掲載している価格は、すべて税抜き価格です。
※商品情報を掲載していない衣装等は、スタイリストまたは本人私物です。
※本書掲載の情報は2018年7月現在の編集部調べによるものです。本書発売後、仕様や価格、店舗情報等が変更になる場合があります。あらかじめご了承ください。

Machami Style

2018年9月2日　初版第1刷発行

著　者　久本雅美

編　集　喜多布由子
営　業　斉藤弘光
発行人　佐野 裕
発　行　トランスワールドジャパン株式会社
〒150-0001　東京都渋谷区神宮前6-34-15　モンタービル
Tel:03-5778-8599　Fax:03-5778-8743
印刷・製本　中央精版印刷株式会社

・定価はカバーに表示されています。
・本書の無断転載・複製・デジタル化を固く禁じます。
・乱丁・落丁本は小社送料負担にてお取り替えいたします。

©Masami Hisamoto 2018
©Transworld Japan Inc. 2018

Printed in Japan　ISBN 978-4-86256-244-9

Photograph by **RYOSUKE NAKAGAWA [UBER]**
Styling by **JUNKO KATSUMATA**